Jocelyn
Duff

François
Cadotte

LOGEMENT
et
nouveaux modes de vie

RAYÉ

Méridien
ÉDITIONS DU MÉRIDIEN

Données de catalogage avant publication (Canada)

Duff, Jocelyn, 1959-
Logement et nouveaux modes de vie
Comprend des références bibliographiques et un index

ISBN 2-89415-078-4

1. Logement — Québec (Province). 2. Québec (Province) —
Conditions sociales — 1960-   . 3. Habitation — Québec
(Province) — Aménagement. 4. Ménages (Statistique) — Québec
(Province). 5. Famille — dimension — Québec (Province).
I. Cadotte, François. II. Titre.

HD7305.Q8D83 1992   363.5'09714   C92-09458-3

Conception de la couverture: les auteurs.
Dessin de la page couverture: Jacqueline Leavitt et Troy West (reproduit avec l'autorisation de Van Nostrand Reinhold, New York).

© Éditions du Méridien — 1992

Dépôt légal: 1er trimestre 1992 — Bibliothèque nationale du Québec

Imprimé au Canada

«Les maisons sont bâties pour être habitées et non point regardées»

Francis Bacon, *Essays*

Nous tenons à remercier madame Dominique Côté pour son travail minutieux de révision et de relecture du texte.

PRÉFACE

Encore aujourd'hui, nos logements sont conçus et réalisés selon des modèles qui ont plus d'un demi-siècle. Cela, même si nous savons que notre société s'est profondément transformée.

Pourtant, le rêve de mieux répondre aux besoins de logement de la société hante régulièrement l'esprit de quelques architectes et de certains intervenants gouvernementaux. En Europe, au cours des années 1960, de nombreuses expériences pilotes se sont développées et la Hollande et la France (principalement) ont réalisé quelques projets, mais sans grands lendemains. Au Québec, avec son équipe, et grâce au soutien de la Société canadienne d'hypothèques et de logement, Leonard Warshaw, architecte, professeur à l'Université de Montréal, a travaillé sérieusement, mais sans résultats concrets, à l'élaboration d'habitats alternatifs.

Les codes en vigueur et les pratiques des entrepreneurs et des financiers, pour ne rien dire des habitudes des occupants, représentaient autant d'obstacles à surmonter et qui ne le furent pas.

Bref, au Québec, où nous ne connaissons pas de véritable pénurie de logements et où les frais de changement de logement ou de mutation de propriété demeurent peu élevés, la méthode la plus simple d'adaptation aux besoins a toujours été et reste... de déménager.

Mais, au cours des vingt dernières années, les transformations sociales ont été plus importantes que jamais auparavant. La multiplication des situations de vie par suite de l'éclatement et de la recomposition des ménages traditionnels repose de façon aiguë la question de l'adaptation des logements à des besoins nouveaux et fort variés.

Les Québécois, et plus souvent encore les Québécoises, ont fait éclater la norme sociale qui régissait les ménages. Les normes d'habitat, elles, sont demeurées les mêmes. Car toucher à ces normes c'est s'attaquer à bien des questions. Il s'agit en effet de lutter contre l'habitat insalubre et dangereux; de garantir la sécurité des acheteurs quant au produit qui leur est fourni; de protéger les habitants d'un immeuble contre les pratiques des autres occupants; d'assurer les prêteurs contre les pertes. Mais les normes peuvent aussi avoir pour effet de favoriser des producteurs en situation de monopole; de renforcer les rôles au sein des ménages; et d'exclure ceux qui ne peuvent accéder à la norme parce qu'ils n'en ont pas les moyens.

Toucher aux normes d'habitat, c'est toucher à la normalisation des êtres, à la normalisation du bien-être, à la normalisation du paraître.

Les nouveaux modes d'habiter, tel est donc le thème auquel se sont intéressés les auteurs de ce volume, qui ont ainsi entrepris un exercice encore plutôt rare dans ce domaine. Après un exposé du cadre sociologique dans lequel se situe leur examen et une analyse des nouveaux besoins, ils procèdent à une remise en question des solutions toutes faites et livrent une réflexion sur le sens même de l'architecture fonctionnelle. Prenant en compte les apports historiques et les expériences du Canada et de divers pays, intégrant les plus récents apports technologiques, il nous ouvrent à des propositions de modes d'habiter susceptibles de mieux répondre aux nouveaux besoins.

PRÉFACE

Cet ouvrage intéressera les intervenants gouvernementaux qui œuvrent dans le domaine du logement, notamment ceux de la Ville de Montréal qui sont déjà engagés sur la voie de la mise à jour des normes.

J'ose espérer aussi que producteurs et financiers auront la curiosité de prêter l'oreille à ce que la sociologie urbaine et l'architecture ont à dire en la matière et que, intéressés par ce qu'ils auront lu dans ce livre (aussi bien que par la perspective du surgissement de nouveaux marchés), ils assumeront le risque d'essayer de répondre aux nouveaux besoins de notre société en mutation.

Marc H. Choko
Montréal, mars 1992

INTRODUCTION

La famille nucléaire est désormais minoritaire dans l'ensemble des ménages du Québec. Depuis quelques décennies, en effet, leur taille et leur composition ont subi de profondes transformations, poursuivant ainsi un mouvement amorcé dans la plupart des pays industrialisés. La famille traditionnelle, composée d'un père, d'une mère et de deux ou trois enfants se fait de moins en moins importante dans notre société. Les ménages qui, autrefois, étaient considérés comme marginaux constituent aujourd'hui la «norme»: couples sans enfants, familles monoparentales, personnes vivant seules, familles recomposées à partir de parents séparés ou divorcés, cohabitation de personnes n'ayant pas de lien de parenté, cohabitation multigénérationnelle, etc. La structure des ménages n'a jamais été aussi instable à cause d'événements fortuits tels que la séparation, le divorce ou la perte d'un emploi.

En outre, ces modes de vie sont devenus des étapes faisant aujourd'hui partie de l'évolution normale qu'une personne suivra au long de son existence. En effet, l'importance du phénomène des ruptures conjugales, ajoutée aux contraintes de la vie moderne, conduira l'individu à former plusieurs types de ménages au cours des années: vie au domicile familial, vie en cohabitation, vie conjugale, vie en solitaire, retour à la cohabitation ou à la vie à deux. Même les familles sont susceptibles de connaître plusieurs situations, comme par exemple l'arrivée d'un ou de plusieurs enfants, leur passage à l'adolescence, puis, le départ de ces enfants et leur retour possible au foyer familial, en cas de difficulté économique ou de séparation.

Il ressort de ces transformations socio-démographiques une diversification sans précédent des besoins en matière de logement, particulièrement en milieu urbain, où les modes de vie sont plus variés. Or, c'est précisément dans les grands centres urbains que les coûts de logement ont augmenté le plus rapidement, notamment celui de la propriété résidentielle. On est alors en droit de se demander si les logements répondent aux nouveaux besoins en espace des ménages et à leur capacité financière réelle. Pour cette raison, la réflexion contenue dans cet ouvrage s'attache à présenter des solutions d'aménagement pour la plupart simples, tangibles et accessibles à la majorité de la population et qui sont destinées à répondre à ces nouveaux besoins.

Malgré la présence dans ces pages de nombreux concepts novateurs, beaucoup d'idées exprimées ici l'ont été par d'autres, dans des contextes différents. Nous ne prétendons pas avoir, une fois de plus, réinventé la roue. C'est d'ailleurs pourquoi nous aimons à tirer des leçons des expériences passées, convaincus qu'elles peuvent se révéler sources d'inspiration pour relever les défis du présent. Ceci étant dit, nous persistons à croire que l'originalité de cet ouvrage consiste à avoir conservé, du début à la fin, une vision globale des questions de logement, en évitant de trop verser, tantôt dans la sociologie ou l'urbanisme, tantôt dans l'architecture domestique. Trop peu d'ouvrages, à notre sens, s'emploient à jumeler des préoccupations issues de ces disciplines. Cet ouvrage constitue l'une des rares synthèses sur le sujet : plusieurs monographies traitent, par exemple, des besoins des femmes chefs de famille, mais plus rares sont celles qui traduisent ces besoins en solutions concrètes d'aménagement.

INTRODUCTION

Les changements socio-démographiques et économiques qui se traduisent par une diversification des besoins en logement ont eu peu d'écho, croyons-nous, sur la conception des espaces intérieurs des logements eux-mêmes. À l'heure où plusieurs grandes villes occidentales essaient de rapatrier en leurs centres certains ménages familiaux exilés en banlieue, force nous est de constater que les habitations neuves en propriété offrent une alternative peu séduisante aux yeux de cette clientèle, en comparaison des maisons individuelles de la périphérie. Si l'on veut peupler des nouveaux ensembles résidentiels du centre, comme la Ville de Montréal s'apprête à le faire dans les cas du Faubourg Québec et du Faubourg St-Laurent, l'occasion est bonne de se pencher sur les nouveaux besoins en matière de logement. Même les personnes seules et les familles monoparentales, attirées naturellement vers les quartiers du centre, éprouvent quelques difficultés à trouver des endroits répondant véritablement à leurs besoins, constamment en évolution.

Les pages qui suivent apportent une réflexion sur les aménagements spatiaux résidentiels et sur leur adaptation aux besoins et aux cycles de vie différents des individus. Bien que les caractéristiques démographiques de la population aient fait l'objet de nombreuses recherches, l'influence des nouveaux modes de vie sur la conception des logements n'a pas suscité l'intérêt qui lui revient. La connaissance des phénomènes de transformation sociale qui sont à l'origine des nouveaux modes de vie est essentielle pour comprendre les besoins qui en émergent. C'est notamment le cas pour certains phénomènes relativement nouveaux tels que l'émergence du travail à domicile, la persistance des jeunes au foyer familial, la recomposition de nouvelles familles et la cohabitation de personnes sans lien de parenté. Ces phénomènes ont une influence certaine sur l'organisation spatiale des logements et méritent qu'on s'y attarde.

La première partie du livre porte sur la transformation de la famille traditionnelle et sa substitution partielle par des modes de vie diversifiés. La vie des individus n'est plus rectiligne mais sujette à des changements en cours d'existence, ce qui introduit la notion de cycle de vie, notion fondamentale en ce qui concerne les besoins en logement des ménages. C'est pourquoi notre réflexion traite globalement de l'habitat des différents groupes dans une seule et même problématique, en évitant de la scinder en autant de groupes qu'il existe de types de ménages. Le logement des personnes âgées, des familles monoparentales ou des personnes seules, par exemple, a déjà fait l'objet de nombreuses études et recherches détaillées, ces dernières années, et c'est pourquoi nous avons opté pour une démarche qui les traite dans le cadre plus global des transformations spatiales du logement liées au cycle de vie des ménages.

Les transformations des ménages mettent aussi en relief l'apparition de nouveaux modes de vie. Les personnes vivant seules n'ont jamais été si nombreuses, tout comme les personnes sans lien de parenté vivant sous un même toit, que nous appelons plus loin les cohabitants. Les changements importants qui bouleversent le monde du travail n'épargnent pas la sphère domestique. En effet, de plus en plus de gens effectuent une somme importante de travail rémunéré à la maison. On peut se demander si les demeures d'aujourd'hui sont conçues pour accueillir de tels changements, qui remettent parfois en cause l'équilibre entre le travail et la vie privée du foyer.

La deuxième partie dégage quelques hypothèses sur la conception des logements en rapport avec les changements socio-démographiques identifiés. Mettant en lumière la façon dont les concepteurs et les constructeurs d'habitation conçoivent les logements aujourd'hui, cette deuxième partie soulève des questions souvent restées obscures ou qui font l'objet de controverses. C'est le cas, par exemple, de la thèse généralement admise selon laquelle l'évolution des structures familiales nécessite des logements plus petits. Une question en apparence simple engendre peut-être une réponse plus nuancée selon les besoins des ménages et les changements qui interviennent dans la vie des individus.

Outre la taille des logements, nous questionnons également la notion de flexibilité architecturale, en partant des expériences européennes d'après-guerre. En effet, pourquoi les plans de logements sont-ils si rigides aujourd'hui, au moment précis où la transformation des ménages nécessiterait des espaces d'habitation plus flexibles ? Créer des types de logements spécifiques — logements pour familles monoparentales, pour personnes seules, pour familles avec adolescents, etc. — qui correspondraient en tout point aux besoins précis de ces clientèles particulières mène, à notre avis, à l'impasse. Nous avons plutôt cherché à dégager les besoins communs des différents types de ménages pour retenir différentes approches architecturales, développées dans la troisième partie.

De plus, cette deuxième partie s'interroge sur la pertinence du découpage fonctionnel à l'intérieur du logement, développé peut-être à outrance suite aux théories élaborées par les protagonistes du mouvement moderne en architecture. La recherche de la fonctionnalité représente une donnée inhérente et incontournable de la vie moderne, mais que doit-on penser si cette idée, maintenant érigée au rang de dogme par les concepteurs d'habitation, constitue un obstacle à l'adaptation du logement aux besoins changeants de ses occupants ? Ainsi, nous aborderons la question de l'usage des espaces, de la standardisation des logements et de l'impact de l'évolution technologique sur l'aménagement.

La troisième partie de cet ouvrage est consacrée aux aménagements spatiaux susceptibles de convenir aux besoins diversifiés et changeants des ménages. Elle représente en quelque sorte l'aboutissement de cette réflexion, car elle vise des solutions réalisables, répondant directement aux deux questionnements qui se dégagent de cet ouvrage : d'abord, comment faire en sorte de concevoir une organisation plus souple de l'espace domestique, afin que celle-ci puisse répondre, non seulement aux besoins diversifiés des différents types de ménages qui composent la société, mais également aux multiples changements que ces derniers seront appelés à vivre tout au long de leur existence? Les solutions proposées s'inspirent d'expériences étrangères et de réalisations d'ici, tout en puisant aussi dans certains éléments de notre propre patrimoine résidentiel.

Ensuite, devant le vieillissement de la population et l'importance qu'on accorde depuis un certain temps au maintien à domicile, avec l'augmentation du nombre de personnes vivant seules, dont plusieurs penchent vers la cohabitation afin d'économiser sur des frais de logement onéreux, et ajouté à cela, le phénomène nouveau du retour de plus en plus fréquent des jeunes au foyer familial, un autre type de question mérite d'être posé : comment vivre ensemble, mais séparément? Plusieurs solutions d'aménagement, présentées dans ce document, permettent de profiter des avantages de la vie en communauté — solidarité, sécurité, communication — sans pour autant sacrifier la vie intime et l'autonomie personnelle des individus.

Enfin, cette dernière partie propose de revoir le cadre normatif de la construction résidentielle. Certaines réglementations, en voulant protéger les citoyens et faisant en sorte de fournir à ceux-ci des normes de qualités minimales, s'érigent du même coup en obstacle face à l'innovation en matière de construction domiciliaire. Pour finir, nous nous demanderons si l'apprentissage et le rôle des concepteurs, ainsi que les modes de production résidentielle qui les encadrent, favorisent la réalisation d'espaces d'habitation novateurs qui répondent véritablement aux besoins complexes et diversifiés de la population.

Première partie:

LA TRANSFORMATION DES MÉNAGES

À l'instar des autres sociétés industrialisées, le Québec a connu depuis un quart de siècle d'importants changements démographiques. Parmi ces changements, il faut souligner en tout premier lieu la baisse du taux de natalité. Deux autres phénomènes illustrent aussi les profonds bouleversements actuellement à l'œuvre et qui sont susceptibles d'exercer une influence considérable sur l'aménagement des logements.

On constate d'abord que la famille traditionnelle biparentale avec enfants n'est plus majoritaire au Québec. Non seulement la diminution des naissances a contribué à réduire la taille des ménages, mais avec la hausse spectaculaire du nombre de divorces qu'on observe depuis les années 1970, c'est toute la structure des ménages qui en est changée : accroissement des personnes seules, augmentation du nombre de familles monoparentales, tentatives de recomposition de familles avec un nouveau conjoint.

Cet «éclatement» de la famille a suscité l'émergence de modes de vie diversifiés qui, s'ils ne sont pas nouveaux, étaient autrefois en marge du modèle familial traditionnel. Ils viennent aujourd'hui transformer graduellement ce modèle et tendent même à s'y substituer. Ainsi en est-il, par exemple, de la réorganisation du temps entre le lieu de travail et la maison. En effet, nombreux sont les individus qui accomplissent régulièrement du travail rémunéré à leur domicile, que ce soit à temps plein ou quelques heures par semaine. Mentionnons également la persistance des jeunes au foyer familial. Après la décohabitation précoce qu'on a pu observé durant les années 1970, beaucoup de jeunes adultes d'aujourd'hui choisissent de revenir au foyer familial ou de le quitter plus tardivement.

Les transformations de la famille et les nouveaux modes de vie qui en résultent créent, il va sans dire, des besoins sans précédent en matière de logement. Il n'est pas certain, par exemple, que la maison unifamiliale, conçue à l'origine pour la famille traditionnelle, soit en mesure de répondre aux multiples besoins de ces nouvelles clientèles, ainsi qu'à ceux occasionnés par les différentes étapes du cycle de vie d'un ménage (arrivée d'un enfant, passage de l'enfance à l'adolescence, départ d'un parent, etc.) Cette première partie traitera de ces besoins.

1

TRANSFORMATION DE LA FAMILLE ET LOGEMENT

Parmi les modifications de la structure familiale survenues au cours des dernières décennies, certaines risquent de créer plus d'impacts que d'autres sur la conception des logements. Ainsi, la baisse du nombre de personnes par famille vient considérablement changer les besoins d'espace dans le logement, et pas nécessairement, comme on pourrait le croire, dans le sens d'une réduction des superficies.

La fragmentation des ménages familiaux, due au divorce et à la séparation, ainsi que la hausse du nombre de familles monoparentales transforment aussi considérablement le portrait de la vie familiale. On sait que la localisation du logement à proximité des services urbains s'avère très importante pour une famille monoparentale. Ce que l'on connaît moins, ce sont les besoins spécifiques de ce type de ménages, en ce qui concerne l'organisation spatiale du logement.

Enfin, les familles recomposées et les ménages multigénérationnels sont d'autres étapes faisant partie du cycle de vie d'une part croissante de ménages. Voilà une réalité dont les concepteurs de logements devront inévitablement tenir compte.

Des ménages plus petits

La famille traditionnelle a changé de visage : de 4,2 personnes qu'il était en 1961, le nombre moyen d'individus par ménage au Québec est passé à 2,7 en 1986. Évidemment, la diminution de la taille des ménages est amplifiée par l'accroissement des personnes vivant seules. De plus, l'importance qu'ont pris les familles monoparentales en milieu urbain vient ajouter une nouvelle donnée au tableau. Mais il reste que la famille se fait plus petite aujourd'hui qu'il y a vingt ans.

C'est une réalité facilement observable que d'aucuns attribueront avec raison à la dénatalité. L'augmentation du nombre de divorces, l'arrivée des femmes sur le marché du travail, le manque de temps pour les activités domestiques, voilà autant de faits bien connus qui ont concouru également, de près ou de loin, à la réduction de la taille des familles.

À la suite de ces constats, la tentation est forte de conclure, avec une pointe de négativisme, à l'effritement de la solidarité familiale. Cependant, il y a là un pas que nous n'osons pas franchir. De ce point de vue, la thèse de Bonvalet et Merlin, voulant que la multiplication des petits ménages aille de pair avec une tendance à vouloir habiter à proximité de la famille, se révèle fort intéressante :

> «L'éclatement de la famille n'a pas amené nécessairement un effritement de la solidarité familiale. On veut vivre dans un logement indépendant, mais pas trop loin de sa famille. Les jeunes veulent s'émanciper plus tôt ; les personnes âgées rester le plus longtemps possible chez eux [sic] ; les personnes seules divorcées demeurer proches géographiquement de leurs enfants...»[1]

---

1. Bonvalet et Merlin (1988), p. 366.

Toujours selon les mêmes auteurs, ce désir de demeurer à proximité de la famille se retrouve aussi chez les couples avec enfants. Ces derniers apprécient grandement les avantages de l'entraide familiale et en particulier la disponibilité des grands-parents, à plus forte raison si les deux conjoints travaillent à l'extérieur de la maison.

Autrefois la norme, les familles biparentales avec enfants dont un seul des parents, habituellement le père, constitue le principal soutien économique, sont devenues presque margi-nales. Et cette tendance est présente dans la plupart des pays industrialisés. Déjà en 1985, Karen Franck constatait que ce type de ménage ne comptait désormais plus que pour 11,5% de l'ensemble des ménages américains[2].

Les couples sans enfants se trouvent certes plus nombreux qu'auparavant, mais ce groupe n'est toutefois pas homogène. Il y a lieu de distinguer les jeunes couples, qui n'auront pas d'enfant ou en auront plus tard, des plus vieux dont les enfants ont quitté la maison (empty nesters). Les besoins en logement de ces deux groupes sont très différents puisque les plus jeunes doivent prévoir, dans le choix du logement, la venue possible d'un ou plusieurs enfants. Quant aux ménages plus âgés, ils font face généralement à un problème de sous-occupation de l'espace habitable après le départ des enfants.

On pourrait dire qu'il s'agit de deux clientèles précises, à qui il faut destiner des types de logements particuliers. Mais on peut aussi poser le problème d'une autre façon. Comme il peut s'agir de deux étapes différentes dans le cycle de vie de mêmes ménages, il devient intéressant d'examiner des solutions d'a-ménagement qui tiennent compte de l'adaptation des logements à ces deux périodes.

Il ne faut pas oublier qu'il existe une quantité non négli-geable de couples d'âge moyen, sans enfant, qui conserveront

---

2. Franck (1985).

cette condition. Mentionnons cependant que ce type de ménage trouve dans l'ensemble à se loger sans difficulté. Plusieurs d'entre eux sont en effet bien établis et disposent souvent de deux revenus. Le logement des couples sans enfant, à ne pas confondre avec les personnes sans lien de parenté qui partagent le même logement (cohabitants), sera traité plus globalement dans le cadre des transformations liées au cycle de vie des ménages.

Ce qui se dégage surtout, à la lumière de ce qui précède, c'est le lien entre la taille des ménages et celle des logements, lien qui sera examiné dans un chapitre entièrement consacré à cette question.

Les familles monoparentales

L'accroissement du nombre de familles dirigées par un seul parent se révèle l'un des changements majeurs qu'aura connus la famille ces dernières années. On a dénombré, rien qu'aux États-Unis, plus de 14 millions d'enfants vivant avec un seul de leurs parents naturels[3]. Au Québec, les familles monoparentales constituaient, en 1986, plus du cinquième des familles avec enfants. Quinze ans plus tôt, cette proportion n'était que de 13,4%[4].

Bien que les familles monoparentales aient toujours existé, leur composition a considérablement évolué. L'image de la veuve élevant seule ses enfants après le décès du mari est aujourd'hui révolue. Les ménages monoparentaux se composent d'un nombre croissant de jeunes femmes n'ayant jamais

---

3. Rosenfeld (1984).
4. Dandurand, St-Jean (1989).

été mariées et d'hommes ou de femmes divorcés ayant à leur charge un ou plusieurs enfants. Bien qu'il s'agisse pour beaucoup d'entre eux d'un statut temporaire et que ceux-ci formeront à nouveau des ménages biparentaux (familles recomposées), environ le tiers conserveront définitivement ce statut[5].

Les recherches réalisées, jusqu'à maintenant, sur les besoins résidentiels des familles monoparentales s'intéressent surtout aux jeunes femmes ayant des enfants à leur charge. Cet intérêt est compréhensible, lorsqu'on sait que les familles monoparentales sont dirigées à 82,5% par des femmes[6]. Celles-ci habitent souvent un logement petit, qu'elles louent près du centre-ville. En fait, le tiers des mères seules et locataires dépensent 50% ou plus de leurs revenus pour se loger. La proximité de services comme le transport en commun, les garderies et la présence d'un bassin d'emploi important sont les principaux facteurs qui attirent cette clientèle dans les quartiers centraux des grandes agglomérations. Aussi, les statistiques révèlent une concentration de familles monoparentales atteignant ou dépassant 50% du total des familles, dans certains secteurs de recensement de la ville de Montréal.

La localisation des familles monoparentales dans les quartiers centraux traduit-elle vraiment un choix? Ne possédant souvent pas d'automobile, les femmes chefs de famille cherchent naturellement la proximité des services de transport en commun. Des études américaines ont établi que les femmes se montraient d'ailleurs moins satisfaites que les hommes de la vie en banlieue[7]. Par exemple, faire la navette en automobile

---

5. Leavitt (1984).
6. Encore faut-il préciser que si les taux officiels prenaient en compte la garde partagée des enfants (nombre de jours passés chez l'un et chez l'autre des parents durant la semaine), la part des hommes serait augmentée.
7. Franck, *op. cit.*

pour reconduire les enfants à l'école, chez leurs amis ou même pour la leçon de natation peut devenir une tâche astreignante. La banlieue répondrait davantage aux besoins des couples et des familles biparentales traditionnelles. À ce sujet, Susan Anderson-Khleif mentionne :

> «For the most part suburbia is still a couple's world and the single parent soon finds that she is left out of neighborhood gatherings for couples.»[8]

La garde partagée des enfants constitue un autre facteur décisif pour la localisation du logement. Le logement du père et celui de la mère seront plus facilement accessibles s'ils se trouvent dans la même ville ou le même quartier. La garde partagée nécessite aussi des ajustements résidentiels en vue d'accueillir adéquatement les enfants chez l'un ou l'autre des parents. Il s'agit souvent de chambres à coucher supplémentaires.

La recherche féministe sur le logement retient plusieurs exemples de projets résidentiels dont la conception est sensible aux besoins des familles monoparentales. Mentionnons, entre autres, les travaux de Dolorès Hayden aux États-Unis et de Gerda Wekerle au Canada.

Dolorès Hayden relève quelques expériences de logements pour femmes habitant sous un même toit, menées au début du siècle. Ces expériences avaient pour but d'alléger les tâches domestiques des résidantes et de leur permettre d'avoir un travail rémunéré à l'extérieur. Les moyens utilisés allaient de cuisines centrales à la mise en commun de certains services, comme la salle à manger, la buanderie, un parloir ou une bibliothèque.

Les projets de Marie Stevens Howland à Topolobambo, au Mexique, et d'Alice Constance Austin à Llano del Rio, en Californie, s'inspiraient des utopies socialistes européennes,

---

8. Anderson-Khleif, Susan, in : Keller (1981), p. 27.

notamment celle du familistère de Charles Fourier en France. Dans le but de faciliter le nettoyage, les plans dessinés par Alice Austin prévoyaient des meubles encastrés, des lits sur roulettes, des planchers de tuiles chauffants et des fenêtres décorées sans rideaux.[9]

Une proposition de coopérative ménagère a été expérimentée par Melusina Fay Pierce dès 1869 à Cambridge, au Massachusetts. Mais ses idées n'eurent de suites que bien plus tard en Angleterre, avec les expériences des cités-jardins. Il s'y trouva que les avantages économiques dus à la mise en commun des services ne purent compenser pour la perte de vie privée des résidents, ce qui ne fit qu'accroître l'opposition aux projets.[10]

Dans certains pays comme le Danemark et la Suède, des ensembles d'habitation partageant des cuisines communautaires et des services de garde d'enfants ont été développés depuis longtemps. Au Canada, la volonté de regrouper les ressources et de partager des services se manifeste dans quelques expériences de coopératives d'habitation.

C'est dans cette optique que Gerda Wekerle a examiné des cas de coopératives d'habitation pour femmes, dans huit villes canadiennes[11]. Outre le coût abordable des logements, l'auteur mentionne cinq éléments reliés à l'aménagement physique des plans d'ensemble, soit : l'emplacement, les équipements appropriés pour les enfants, l'entretien minimum, la création d'occasions pour le partage et le soutien entre les résidents ainsi que la préservation de l'intimité des ménages.

À la coopérative du Béguinage à Toronto, les chambres à coucher sont de dimensions égales. L'idée consiste à éviter de recréer la hiérarchie propre au logement familial, où la chambre des parents est plus grande que celle des enfants. Le concept

---

9. Hayden, Dolorès, in : Keller, *op. cit.*
10. Pearson (1985).
11. Wekerle (1988).

des chambres d'égale superficie convient aux besoins d'intimité de chacun, surtout lors de la venue d'un conjoint ou, comme c'est possible dans cet immeuble, pour le partage du logement avec une autre famille monoparentale. À ce sujet, il faut se demander à quel point une chambre plus grande pour les enfants et une chambre plus petite pour le parent, qui de toute façon occupe souvent seul sa chambre, ne se trouveraient pas mieux adaptées à la réalité de ces familles. Pour d'autres, même, le lit en alcôve serait plus adéquat que la traditionnelle chambre des maîtres.[12] Bien que les avis soient partagés, l'organisation des aires individuelles demeure fondamentalement différente pour la famille biparentale, qui impose son schème dans la plupart des logements construits aujourd'hui.

À la coopérative Constance Hamilton de Toronto, les logements construits sur deux niveaux ont été conçus pour faciliter la cohabitation de deux familles monoparentales ou de plusieurs personnes non apparentées. La division de l'aire commune en deux pièces distinctes s'est, dans ce cas, avérée utile. Ainsi, l'espace de séjour a été scindé en deux par l'aménagement du salon à un étage et celui de la cuisine à un autre, pour permettre l'usage simultané de ces espaces.

L'incorporation d'un espace de travail dans le logement est un élément qui apparaît essentiel pour encourager le travail à domicile et développer une source de revenu pour la famille. S'inscrivant dans cette ligne de pensée, les plans de maisons en rangée de Jacqueline Leavitt et de l'architecte Troy West comportent trois niveaux, destinés à séparer les espaces nécessaires à la conduite d'activités domestiques et professionnelles dans un même lieu. Les activités gravitent autour d'une petite cour, facilitant la surveillance des enfants; le séjour, le coin-repas, les comptoirs de cuisine et le bureau sont orientés vers cet espace extérieur[13] (voir figure).

---

12. Soper, Mary, in: Wekerle, Peterson et Morley (1980).
13. Leavitt (1985).

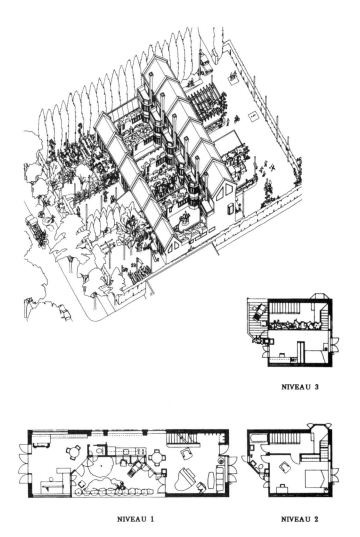

NIVEAU 3

NIVEAU 1   NIVEAU 2

1. *Ces logements, conçus pour des familles monoparentales, permettent aux parents de poursuivre un travail à la maison, tout en élevant leurs enfants. Le projet de Jacqueline Leavitt et Troy West, lauréat du concours «A New American House», se veut une réponse à l'émergence de nouveaux modes de vie et une alternative au traditionnel pavillon familial de banlieue.*

(Reproduit avec l'autorisation de Van Nostrand Reinhold, New York).

Le projet, lauréat du concours « A New American House » en 1984, a été construit quelques années plus tard à Saint-Paul, au Minnesota, par un promoteur privé. Le concept initial a subi toutefois d'importantes modifications dans la réponse apportée aux besoins des familles monoparentales : les équipements de la cuisine tournent malheureusement le dos à la cour extérieure ; quant à celle-ci, elle s'ouvre sur la rue, ce qui lui fait perdre son caractère privé et sécuritaire.

La proposition d'origine présentait deux aspects socio-économiques intéressants : la possibilité pour un adulte[14] de mener une vie professionnelle normale tout en élevant seul ses enfants et la réalisation d'économies sur les frais de garderie. Le projet prévoyait la conversion de deux unités, de façon à recevoir soit une famille nombreuse, soit des personnes âgées. Leavitt fait remarquer que ces deux types de ménages ont en commun des revenus généralement modestes et sont composés majoritairement de femmes.

Plusieurs personnes ayant réfléchi à l'habitat des familles monoparentales défendent l'idée d'une intégration avec d'autres types de ménages dans un même ensemble résidentiel. Les principes véhiculés par les expériences utopistes du passé refont surface : les résidents partagent des services afin d'alléger la tâche des parents et de leur accorder un peu de temps libre. Parmi les services mis en commun figurent la salle à manger et la buanderie, qui comportent des appareils relativement coûteux pour leurs utilisateurs. Les activités ménagères des occupants deviennent ainsi prétextes à des échanges sociaux entre des parents souvent isolés dans leurs appartements. Une salle à manger, ou un coin cafétéria, offrent aux mères seules et aux personnes âgées un complément utile à leurs cuisines privées.[15]

---

14. La proposition initiale était l'une des rares n'exerçant pas de discrimination sexuelle en réservant deux des six logements à des pères chefs de familles monoparentales.
15. Soper, *op. cit.*

Le lieu de passage obligé que constitue la buanderie peut être amélioré en localisant cette dernière dans un endroit agréable, bien éclairé et qui rend possible la surveillance des enfants.

On est généralement d'accord pour affirmer que les meilleurs ensembles où logent des femmes avec enfants abritent une population résidante mixte, composée aussi de personnes âgées, de jeunes célibataires et de couples sans enfant.[16] La conception des plans reste orientée vers les enfants : les logements des familles possèdent un accès direct et aisé au sol et à une aire de jeu. Les personnes âgées sont installées quelque peu à l'écart des familles — dans des bâtiments distincts, par exemple — tandis que les personnes seules et les couples sans enfant occupent les étages supérieurs.

La mixité des fonctions et la densité relativement élevée par rapport aux milieux où évoluent d'ordinaire les familles biparentales sont d'autres caractéristiques identifiées dans les projets qui obtiennent la satisfaction des familles monoparentales. Cela, il faut l'avouer, se situe à l'opposé des communautés de banlieue.

Les familles recomposées

Avec l'accroissement des divorces et des séparations est apparu un nouveau type de ménage qui a pris de plus en plus d'ampleur, celui des familles recomposées. On désigne généralement par cette expression des individus auparavant séparés ou divorcés et qui décident de fonder un nouveau foyer avec

---

16. Franck, *op. cit.*

leurs enfants respectifs. À titre indicatif, soulignons qu'il existait en 1984 environ quatre millions d'enfants vivant dans des familles recomposées aux États-Unis.[17]

On devine aisément les problèmes d'adaptation vécus par les membres de tels ménages. La reconstitution de familles change les besoins en matière d'espace et de conception du logement car chaque adulte arrive avec ses enfants et ses biens. Les besoins seront évidemment plus importants, notamment en terme de superficie du logement, d'une part parce que la famille ne fait rien de moins que doubler dans bien des cas. D'autre part, il est évident que l'exiguïté d'un logement ne pourrait qu'exacerber des tensions déjà présentes. Le problème sera d'autant plus aigu si les enfants ont atteint l'âge de l'adolescence. Ceux-ci réclameront à juste titre un peu plus d'intimité.[18]

Pour citer un exemple, on a remarqué que les cloisons amovibles d'appartements à New-York trouvaient preneurs chez les couples d'anciens divorcés ou séparés, parce qu'ils offraient la possibilité de créer facilement deux chambres à coucher distinctes. En outre, Jeffrey Rosenfeld note que les unités modulaires pouvant se séparer à volonté font montre d'une très grande popularité auprès de ces individus. Il ajoute que les familles recomposées préfèrent les tables rectangulaires plutôt que rondes, parce que cette configuration permet de maintenir une certaine identité des enfants de chaque côté.

Malgré le caractère un peu anodin de ce dernier détail concernant l'ameublement, celui-ci nous fournit tout de même quelques pistes de réflexion sur les besoins de ces ménages. Ainsi, Rosenfeld ajoute, à propos des besoins en espace de ces familles:

---

17. Rosenfeld, *op. cit.*
18. Teasdale et Wexler (1990).

«The circumstances of joint custody or daily life in reconstituted families require more space and privacy than most housing offers.»[19]

La recomposition des ménages fragmentés, comme nous allons le voir pour d'autres type de ménages, surtout non familiaux, entraîne un accroissement des besoins en espace habitable.

Les ménages familiaux multigénérationnels

On entend habituellement par ménage familial multigénérationnel une famille comprenant des membres de trois générations ou plus qui partagent le même logement. Ceci n'est pas sans rappeler le concept de famille élargie, parfois appelée aussi famille «étendue»[20], qui consiste en l'expansion de l'unité familiale élémentaire composée des parents et des enfants (famille nucléaire).

Le partage du logement par plusieurs générations, plus courant autrefois, apparaît aujourd'hui comme une forme marginale de cohabitation dans les sociétés occidentales. Ainsi, de 1950 à 1977 aux États-Unis, la part de personnes âgées vivant avec des parents a chuté de près de la moitié. De même, on peut présumer que peu de couples de jeunes mariés iraient vivre, de nos jours, avec leurs parents ou beaux-parents.[21]

La famille multigénérationnelle est davantage répandue dans les sociétés traditionnelles, phénomène qui s'observe chez nous, particulièrement parmi les communautés ethniques ayant

---

19. Rosenfeld, *op. cit.*, p. 31.
20. De l'expression anglaise «expanded nuclear family».
21. Mindel (1979).

conservé un sens très développé de la famille comme chez les Italiens, les Grecs, les Portugais et les Chinois. Le taux de cohabitation multigénérationnelle de ces groupes dépasserait facilement les 50%.[22]

Ce type de ménages semble moins marginal lorsqu'on jette un coup d'œil sur le logement des personnes âgées. Ainsi, aux États-Unis, plus de personnes âgées vivent à l'intérieur d'un ménage multigénérationnel qu'en institution.[23] C'est le cas du quart des femmes âgées ayant perdu leur conjoint. Pour plusieurs d'entre elles, cette forme de cohabitation se présente comme une étape intermédiaire entre le maintien d'un logement autonome et l'institution.

Le ménage multigénérationnel est également l'une des formes les plus fréquentes de cohabitation pour les familles monoparentales. Teasdale et Wexler citent l'exemple de personnes ayant transformé leur sous-sol en appartement pour loger leur fille et leur petite-fille[24]. Cette forme de cohabitation résulte cependant davantage de contraintes économiques que d'un libre choix et fonctionne d'ailleurs rarement, le parent tolérant peu l'ingérence des grands-parents dans l'éducation de ses enfants[25].

Il existe, sous forme expérimentale ou non, des logements qui visent à assurer un minimum d'intimité entre le ménage âgé et le plus jeune. Certains parlent de «cohabitation séparée»[26], à cause de solutions résidentielles permettant de vivre sous le même toit mais dans des logements distincts, ou à tout le moins, en partageant le même terrain; les logements de type «plex», le logement supplémentaire et le pavillon-jardin en sont des exemples.

---

22. Dansereau (1989).
23. Mindel (1979).
24. Teasdale et Wexler, *op. cit.*
25. Anderson-Khleif, *op. cit.*
26. Wexler (1985).

Les immeubles de type «plex» comportent généralement deux ou trois étages et entre deux et six logements. Ils se caractérisent par des entrées indépendantes à l'extérieur et se concentrent surtout dans les quartiers de Montréal développés avant 1945, quoiqu'on en retrouve aussi en nombre significatif dans la ville de Québec, notamment dans les quartiers Montcalm et Limoilou.

Ces immeubles typiquement urbains offrent aux personnes âgées la possibilité de vivre une existence autonome à proximité de leurs enfants et des services de santé et de transport en commun. Une enquête réalisée auprès des résidents de ce type de logements a montré un taux de satisfaction très élevé.[27] Les grands-parents, s'ils sont en bonne santé, rendent plusieurs services pour l'entretien de la maison ou la garde des petits-enfants. Il est permis de penser que cette forme de logement pourrait retarder l'institutionnalisation de certaines personnes âgées.

Les duplex et triplex présentent plusieurs avantages économiques. Les coûts d'acquisition et d'entretien de l'immeuble sont répartis sur plus d'un ménage et le patrimoine immobilier des personnes âgées propriétaires est facilement transférable aux jeunes ménages locataires.

En 1987, l'architecte montréalais Didier Poirier s'est inspiré de ce type d'habitation pour développer le concept de la maison «Trois-générations». Dans un prototype construit à des fins d'exposition, un logement avait été aménagé pour les grands-parents au rez-de-chaussée, tandis qu'on réservait les deux étages supérieurs aux enfants et petits-enfants. Une salle familiale à l'avant, servant aussi d'accès aux logements, assurait une communication entre les membres de la famille habitant dans des logements distincts (voir figure).

---

27. Wexler, *op. cit.*

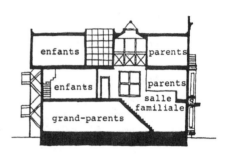

2. *Prototype de la maison Trois-générations, conçu par les architectes Didier Poirier et Jean-Pierre LeTourneux, de L'Atelier Poirier Dépaties, architectes, Montréal.*

On parle de plus en plus, depuis quelques années, du concept de logement supplémentaire[28]. Celui-ci consiste en un petit logement autonome annexé à une maison principale. Il peut avoir été conçu comme tel ou résulter de la création d'un nouveau logement à partir d'une maison existante. «L'idée est de procurer à la personne âgée un logement autonome, à proximité d'une personne qui peut veiller sur elle et lui rendre quotidiennement des services»[29].

Le logement supplémentaire peut être réalisé en agrandissant le volume bâti existant, ou en réaménageant une aire sous-utilisée de la maison comme l'étage, le sous-sol ou le garage. Mais on en dénombre somme toute assez peu sous la forme d'un agrandissement, étant donné que cela les rend plus identifiables de l'extérieur et que la plupart sont aménagés sans permis de la municipalité.

Le logement supplémentaire peut s'avérer une solution économiquement intéressante pour les jeunes ménages propriétaires, qui bénéficient ainsi d'un revenu d'appoint généré par la location du petit logement, de même que pour les ménages âgés qui, voyant leurs revenus baisser et la maison devenir trop grande pour leurs propres besoins, tirent profit d'un semblable aménagement pour continuer d'habiter leur demeure malgré les coûts que cela représente. On a calculé par exemple que les revenus nets, procurés par la location d'un logement supplémentaire, font diminuer de 6% à 28% le revenu du ménage nécessaire à l'achat d'une maison.[30] La création d'un logement supplémentaire devient d'autant plus économique si elle s'effectue en réaménageant l'intérieur du volume bâti existant: le coût de transformation du plan intérieur d'une maison peut

---

28. Connu en anglais sous les termes «Accessory appartment» ou «Second units».
29. Dansereau, *op. cit.*, p. 11.
30. Société canadienne d'hypothèques et de logement, 1988.

s'avérer deux fois moindre que celui d'une nouvelle construction.

Le pavillon-jardin[31] constitue une forme de cohabitation plus séparée que les précédentes. Il s'agit d'une maisonnette destinée aux personnes âgées et devant être installée sur le terrain d'un parent, habituellement les enfants (voir figure). Le logement partage aussi certains services avec la maison principale comme l'aqueduc, l'égout, le stationnement, l'entretien du terrain ou l'entreposage.

Le concept de pavillon-jardin a été développé en Australie où il existe à l'heure actuelle plus de 5 000 unités de ce type. On y a évalué qu'il fallait en moyenne huit ans avant que le pavillon ne soit relocalisé ailleurs, dans le cas où ses occupants âgés ne pourraient plus l'habiter. Des expériences pilotes ont aussi été menées dans plusieurs provinces canadiennes, afin de tester le concept.

Quelques pavillons-jardins ont été construits au Québec et ont été loués à des personnes âgées. Les pavillons-jardins construits par la Société d'habitation du Québec présentent une superficie approximative de 62 m^2 chacun et se composent de deux modules préfabriqués en usine. L'un des modules regroupe tous les services du bâtiment, c'est-à-dire : la cuisine, le coin-repas, la buanderie et le rangement. L'autre module comprend le séjour et la chambre à coucher.

Le coût de construction s'est avéré équivalent à celui d'une unité de logement HLM. À ce coût, il faut cependant ajouter les frais de relocalisation du pavillon sur un autre terrain, qu'on estime environ au tiers du coût de construction total.[32] Les résidents semblent très satisfaits de leur choix de logement. Dans la plupart des cas, ils ont préféré venir s'installer près de leurs enfants, au lieu d'aller vivre dans un centre

---

31. Connu dans les pays anglo-saxons sous le nom de « granny flat » ou « garden suite ».
32. Société d'habitation du Québec, 1990.

Le pavillon-jardin est un petit logement, destiné aux personnes âgées et prévu pour être installé sur le terrain d'un parent.

3a. *Illustration d'un prototype conçu par la Société d'habitation du Québec et exposé au Salon Expo-Habitat de Montréal en 1988.*

d'hébergement parfois éloigné de leur environnement familier. Les pavillons-jardins n'ont pas éprouvé de problème d'intégration au voisinage, du moment qu'ils étaient implantés sur de grands terrains, en milieu rural ou dans une municipalité de banlieue où la densité est faible.

Les deux obstacles principaux au développement de ce concept d'habitation sont d'ordre réglementaire et administratif. Premièrement, la réglementation municipale au Québec interdit la construction de plus d'une unité d'habitation sur le même terrain. Deuxièmement, un mécanisme de contrôle approprié est nécessaire pour s'assurer que les pavillons-jardins resteront habités par des personnes âgées, advenant que ses occupants ne puissent plus l'habiter ou que les enfants déménagent.

Suite aux exemples précédents, une question se pose : peut-on vraiment parler de cohabitation multigénérationnelle,

3b. Pavillon-jardin expérimental construit à Capucins, en Gaspésie.

selon la définition stricte du terme, sachant que les occupants ne partagent pas le même logement? Oui, la formation de nouvelles solidarités familiales, établies sur la base de l'autonomie et du respect de la vie privée de chacun, encouragera vraisemblablement dans l'avenir la cohabitation multigénérationnelle sous une forme plus élargie, surtout en raison du désengagement graduel des pouvoirs publics du domaine de l'habitation. Dans ce contexte, le besoin d'étendre le concept de cohabitation multigénérationnelle à de nouvelles relations familiales plus ou moins séparées ne fait aucun doute. Qu'il s'agisse du partage d'un logement, d'un immeuble, d'un terrain ou d'un même quartier, de nouveaux liens de solidarité sociale s'établissent en contrepartie d'une structure instable des ménages. Entre la cohabitation et le voisinage, il existe une multitude de solutions intermédiaires à explorer pouvant apporter une réponse valable aux besoins de logement des ménages, jeunes ou âgés.

2

ÉMERGENCE DE NOUVEAUX MODES DE VIE

Ce portrait des ménages et de leur transformation serait incomplet s'il ne considérait pas l'impact important des nouveaux comportements sur la diversification des besoins. De nouvelles façons d'habiter, qui échappent au modèle familial traditionnel, se sont graduellement imposées, au point où il faut maintenant reconsidérer l'ensemble des besoins en matière d'habitation.

Ces façons de vivre s'étaient jusqu'alors très souvent dissimulées derrière la famille : le célibataire prenait soin de ses parents âgés, le jeune travailleur logeait à la ville chez un oncle, la femme demeurait au foyer, etc. Aujourd'hui, par exemple, le choix d'occuper seul un logement ou de cohabiter avec une ou plusieurs personnes non apparentées influence l'organisation physique des logements ; l'espace social et individuel ne peut plus, dès lors, être distribué en fonction des besoins d'une famille mais de ceux d'une entité nouvelle et distincte.

47

Les personnes vivant seules

L'accroissement des personnes vivant seules est une réalité qui ressemble à celle des familles monoparentales du point de vue de l'ampleur et de la concentration en milieu urbain. Le nombre de personnes seules a doublé en vingt ans, dans presque tous les pays industrialisés. Il a même triplé en Suisse et quadruplé au Canada, où les personnes seules se concentrent à 70% dans les villes comptant au moins 100 000 habitants.[33] Au Québec, la proportion de personnes seules sur l'ensemble des ménages est passée de 7% à 21,7%, en seulement 25 ans.

Les ménages composés de personnes seules ne constituent pas cependant un groupe homogène : on les retrouve dans toutes les catégories d'âge adulte et en proportion importante chez les hommes autant que chez les femmes. Les hommes seuls sont toutefois plus nombreux que les femmes lorsqu'ils ne sont pas âgés (moins de 65 ans).[34] Chez les personnes âgées, la proportion de femmes croît avec le vieillissement : le rapport de féminité au Québec indique qu'il existe 149 femmes de 65 ans et plus pour 100 hommes. Cette proportion augmente à 189 femmes pour 100 hommes à l'âge de 75 ans.[35]

On serait porté à croire que l'abondance relative de petits logements dans les grandes villes fait en sorte que les personnes seules n'ont pas de difficulté à se loger. Pourtant, au Canada, le quart des personnes seules et non âgées éprouvent certaines difficultés, du moins financièrement, car ils consacrent plus de 30% de leurs revenus au seul chapitre du logement. On peut imaginer les problèmes vécus par les personnes seules et âgées, qui sont plus pauvres que les jeunes individus habitant seuls.

---

33. Société canadienne d'hypothèques et de logement, (1990).
34. Les hommes forment 53,6% des personnes seules non âgées au Canada. Source : SCHL (1990), *op. cit.*
35. Bureau de la statistique du Québec (1986).

Une autre idée qui circule généralement veut que les personnes seules occupent moins d'espace que les autres types de ménages. La réalité révèle au contraire qu'elles occupent 3,22 pièces chacune en moyenne, comparativement à 2,13 pièces par personne pour le reste de la population. La différence est encore plus grande lorsqu'on observe le statut d'occupation des logements, puisque les trois-quarts des personnes seules non âgées qui sont propriétaires habitent des logements comptant au moins cinq pièces. L'achat d'une maison familiale située en banlieue serait-elle la seule alternative à la location d'un petit appartement au centre-ville? Le manque de solutions intermédiaires disponibles sur le marché pourrait, en partie, expliquer cette situation.

Un regard vers le passé nous apprend que les logements conçus spécialement pour loger les personnes seules s'adressaient surtout à de jeunes célibataires habitant les grandes villes. Il s'agissait le plus souvent de maisons de chambres inspirées du modèle des hôtels meublés, qui offraient des services de repas et de buanderie en échange d'un supplément au prix de location de base. Les mœurs de l'époque faisaient en sorte qu'il était mal vu qu'une personne seule occupe un logement autonome, même dans une grande ville comme New-York[36]. Les immeubles étaient réservés soit aux femmes, soit aux hommes. Ces derniers éprouvaient cependant plus de difficultés à se loger, à cause, disait-on, de leur faible propension à l'entretien ménager. La forte demande de logements avait incité quelques constructeurs à réaliser des projets d'habitation pour hommes célibataires. Mais la cuisine y était absente, parce qu'on considérait plus normal que les hommes mangent au restaurant. Les fonctions sociales du logement étaient alors en grande partie reléguées aux établissements publics dans lesquels les débits de boisson faisaient bonne figure.

---

36. Cromley, Elisabeth, in: Franck et Ahrentzen (1989).

4. *Le Riga, construit à Montréal en 1914 par l'architecte et promoteur Joseph-Arthur Godin, comportait à l'origine 78 petits appartements destinés aux personnes vivant seules et aux couples sans enfant de la classe moyenne (ci-dessous). À la même époque, l'architecte érigea un immeuble semblable sur la rue St-Denis, Le St-Jacques, qui s'adressait à la même clientèle (ci-contre).*

L'un des premiers immeubles à Montréal conçus pour une clientèle de personnes seules et de couples sans enfant fut réalisé sur la rue Christin, par l'architecte et promoteur Joseph-Arthur Godin (voir photo). Construit en 1914, le Riga comprenait à l'origine 78 petits appartements. Ce bâtiment innovait par rapport aux autres immeubles d'appartements de l'époque, tous plus vastes et luxueux, et qui étaient par conséquent inaccessibles pour les ouvriers et les travailleurs de la classe moyenne[37].

Aujourd'hui, la copropriété résidentielle offre peut-être une solution de logement intermédiaire entre le petit appartement qu'on loue et la maison familiale qu'on achète. La copropriété offre en effet une typologie de logements variée à ceux et celles qui désirent devenir propriétaires, tout en les déchargeant de l'entretien des parties communes de l'immeuble. La vente rapide de nombreuses unités de condominiums à Montréal et à Québec au cours des dernières années, visant spécifiquement une clientèle de personnes seules (une chambre à coucher, aires de séjour ouvertes, mise en commun de certains services, prix abordable), illustre bien le besoin qui existe sur le marché pour de telles constructions.

Comme pour les autres groupes de la population ayant connu une forte hausse, les spécialistes sont d'avis qu'il faut trouver des moyens pour mettre en relation les personnes seules, jeunes ou âgées, avec les ménages familiaux.[38] Il est grand temps que l'on conçoive des ensembles résidentiels qui satisfont les besoins de ces différents types de ménages, ce qui permettrait de contrer les effets désastreux d'une situation qui commence à prendre beaucoup d'importance : la retraite des familles vers la banlieue et la concentration des personnes seules au centre de l'agglomération. Après que soit disparue la ségrégation sexuelle isolant les hommes et les femmes dans des

---

37. Communauté urbaine de Montréal (1991).
38. Franck, *op. cit.*

immeubles distincts, il faudrait éviter d'instituer une autre forme de ségrégation sociale, cette fois entre les personnes seules et les familles.

Les personnes sans lien de parenté

Les personnes non apparentées partageant leur logement ont augmenté de façon constante mais moins rapide que les personnes seules. On estime leur chiffre à près d'un demi-million au Canada et celui-ci tend à varier selon les cycles de l'économie. Il existerait en effet une relation entre la variation du nombre de personnes vivant seules et celle des individus non apparentés qui partagent un logement; en période de prospérité, les gens préféreraient plutôt vivre seuls que de cohabiter[39].

Bien qu'il existe de fortes raisons de croire à l'explication des cycles économiques, surtout chez les jeunes, une foule de motifs socio-affectifs peut pousser les gens à cohabiter: crainte de la solitude, sentiment de sécurité accru, volonté de créer une atmosphère plus conviviale, de solidifier une amitié de longue date ou encore de s'offrir davantage de services et de confort. En Suède, par exemple, des personnes ayant vécu l'expérience de la cohabitation avec de jeunes adultes aux études, des célibataires et des couples sans enfant ont affirmé qu'elles ne voulaient plus retourner vivre dans le cadre restreint d'une famille[40].

Il faut dire qu'en Suède et au Danemark, les habitations collectives (Kollektivhus) sont chose plus courante que chez nous. Près de mille logements de ce genre ont été construits

---

39. SCHL, *op. cit.*
40. Conan (1990).

entre 1985 et 1990 à Stockholm. L'espace privé individuel varie de la chambre à l'appartement complet. Quant à l'espace commun, qui vise à favoriser les échanges entre les résidents, il peut prendre la forme de salles à manger, de séjours, de salles de jeux ou de gymnastique, d'une cuisine, d'une buanderie, d'un sauna, d'une véranda ou d'un jardin.

Les expériences d'habitations collectives sont perçues comme marginales en Amérique du Nord, la notion de propriété privée y étant fortement développée. On aurait tort cependant de croire qu'il n'existe pas de formes de logement pouvant favoriser la cohabitation de personnes non apparentées.

Le concept de « logement partagé » est un exemple qui s'adresse plus spécifiquement aux personnes âgées ; il fonctionne à partir d'agences qui s'occupent de jumeler deux individus âgés et de leur trouver un logement. Chaque personne possède un espace individuel, d'ordinaire une chambre à coucher, et partage certaines pièces comme la cuisine, le salon ou la salle à manger.

Dans la même veine, le concept de « mingle units »[41] est prévu spécialement pour deux personnes non apparentées partageant un logement, mais qui désirent conserver une bonne part d'espace privé. Ces logements comportent habituellement deux chambres ou suites de dimensions semblables, comprenant chacune une salle de bains complète. Leurs occupants peuvent à la limite s'y retirer pour travailler, écouter la télé ou recevoir des amis. Certaines suites disposent même d'accès individuels directs à l'extérieur, en plus de l'entrée principale. Les cohabitants se partagent l'usage de la cuisine et du séjour qui forment, dans le meilleur des cas, deux espaces séparés (voir figure).

---

41. Le mot « mingle », phonétiquement près de « single » (célibataire), signifie en français mêler, mélanger.

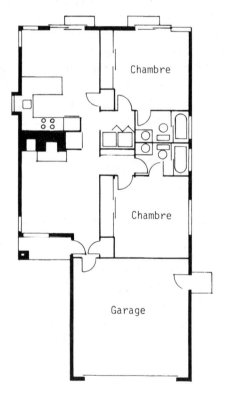

5. *Logements conçus pour la cohabitation de personnes sans lien de parenté s'inspirant du concept des «Mingle units». Ce type d'habitations se caractérise par des chambres de dimensions égales qui possèdent une salle de bains privée.*
En haut, l'espace commun isole les suites dans ces logements de Serrano Highlands en Californie.
En bas, logements à Upland en Californie, où l'autonomie des occupants est augmentée par la séparation de la cuisine et du salon, ainsi que par des accès extérieurs individuels dans chacune des suites.

(Reproduit avec l'autorisation de Van Nostrand Reinhold, New York).

La cohabitation entre personnes sans lien de parenté n'est peut-être pas aussi répandue qu'elle pourrait le devenir, à cause justement de la rareté des logements qui présentent des particularités répondant aux besoins des cohabitants. L'espace habitable doit, pour cela, maintenir l'équilibre fragile entre l'espace privé dont chaque personne a besoin et l'espace communautaire que celle-ci est prête à partager. Comme la notion d'espace personnel peut varier en fonction des habitudes et de l'éducation des individus, ou même selon les mentalités différentes que l'on retrouve au sein d'une même société, l'aménagement du logement doit pouvoir s'ajuster facilement à des situations constamment nouvelles et impromptues.

La question du partage de l'espace entre cohabitants remet ainsi en cause le concept classique du logement. Comme nous l'avons constaté dans le cas des familles monoparentales, le principe de la hiérarchie des chambres à coucher devient totalement désuet. Le besoin d'autonomie des occupants ouvre une autre perspective : l'unité d'habitation n'est plus obligatoirement définie à partir du centre de gravité constitué du séjour et de la cuisine, où s'exercent depuis toujours le contrôle des accès privés du logement.

Réorganisation du temps entre le lieu de travail et la maison

L'arrivée des femmes sur le marché du travail a changé passablement les préoccupations liées au mode de vie traditionnel. Lorsque les deux conjoints travaillent à l'extérieur, il est évident que cela implique une réorganisation importante de la vie domestique, ne serait-ce que parce que le couple dispose de moins de temps pour l'entretien de la maison. C'est ainsi que de nombreux ménages cherchent des solutions destinées à faciliter l'entretien ménager. Il ne s'agit toutefois pas d'une préoccupation tout à fait nouvelle. Au tournant du siècle, déjà, les concepteurs de logements ouvriers visaient la réduction au minimum des espaces sous-utilisés ainsi que l'élimination de tous les « racoins à poussière ».[42]

En retournant aux études ou sur le marché du travail, comme le notent Teasdale et Wexler, les femmes accroissent également leur besoin d'espace :

> « La plupart du temps, celles-ci n'ont jamais eu d'espace à elles autre que la cuisine. De plus, comme cet événement coïncide souvent avec l'adolescence des enfants dont les besoins sont aussi en croissance, elles doivent lutter lorsqu'elles réclament un coin de travail. »[43]

Le développement, depuis quelques années, du travail à domicile augmente les besoins en espace tout en rendant nécessaire la constitution de lieux nouveaux et spécifiques à l'intérieur du logement. Il y a encore quelques années, le logement se voulait un lieu de refuge pour l'individu qui terminait sa journée de travail. Une distinction très nette s'établissait entre le travail et la vie privée. Comme le note Grosshans, le logement de l'après-guerre n'a pas imaginé le lieu de résidence comme un lieu de travail mais comme une cité-dortoir. Ce modèle de logement, fait-il remarquer, est conçu pour une société dans une situation de plein-emploi, dans laquelle l'État-providence est entièrement opérationnel et prêt à parer à toute éventualité.[44] Dans un contexte économique difficile, où les entreprises ont de plus en plus recours à la sous-traitance et au travail à la pige, il n'est peut-être pas illusoire de penser que le domicile pourrait redevenir, pour beaucoup d'entre nous, un lieu de résidence en même temps qu'un lieu de travail, comme naguère la boutique des artisans aux siècles derniers.

---

42. Flamand (1989).
43. Teasdale et Wexler, in : Lemieux (1990), p. 126.
44. Grosshans (1989).

Que l'on soit ou non d'accord avec cette affirmation, les raisons pour allouer un espace de travail dans la résidence sont multiples : ce peut être à cause de l'impossibilité de faire garder les enfants (garderie pleine, maladie des enfants), pour arrondir les fins de mois, pour terminer un travail inachevé au bureau, poursuivre des études ou pour bricoler, tout simplement. Pour plusieurs individus, notamment dans le cas des familles mono-parentales, un espace de travail à la maison peut aider à concilier le besoin de gagner sa vie avec celui de veiller sur des enfants, diminuant ainsi des frais de garde parfois coûteux.

Avec la pratique de plus en plus répandue du travail à domicile, on assiste incidemment à la disparition progressive de la frontière entre le travail et la vie privée. Nombreux sont les individus qui feront ainsi des « heures supplémentaires » et qui verront le temps consacré à l'emploi déborder sur la vie domestique. En effet, aucune sirène ne vient marquer la fin du boulot, et le fait de travailler dans le lieu qu'on habite vient ajouter à cette confusion. Si cette tendance se poursuit, et rien n'indique le contraire, il faudra prévoir des aménagements qui contribuent à limiter cet empiétement du travail sur la vie privée.

Une opération expérimentale intégrant les fonctions d'habitation et de travail a été réalisée dans le cadre du programme Habitat 88, en France, dans un secteur industriel près de Montpellier (voir figure). Il s'agissait pour la ville de Montpellier, où sévit un taux de chômage relativement élevé, de développer un nouveau quartier capable de ramener les habitations près des emplois. La transition entre les habitations et les activités industrielles est assurée par une zone « d'artisans », c'est-à-dire constituée de petites entreprises où les résidents ont la possibilité de tenir un atelier à côté de leur logement.

6. *L'opération expérimentale de Tournezy, des architectes et urbanistes Philippe Cardin et Michel Fremolle, à Montpellier. Le nouveau quartier d'habitation se développe de façon radioconcentrique autour d'une place centrale (photo du haut). Vers la périphérie, en marge de la zone industrielle, les résidents peuvent occuper un atelier à côté de leur logement. Photo du bas: logements sur deux niveaux près du centre de la zone d'habitation.*

Faudrait-il, pour satisfaire les nouveaux besoins d'espace, prévoir une pièce supplémentaire pouvant accueillir un bureau ou un petit atelier ? Et afin de protéger la vie des occupants, faudrait-il aménager une entrée particulière pour recevoir des clients ? Il va sans dire que l'introduction du travail dans la sphère domestique, et tous les besoins qui en découlent, augmentent le coût de revient du logement. Pour cela, certains ont proposé des solutions qui devront être mises de l'avant un jour ou l'autre, notamment celle d'inciter les entreprises à participer à ces dépenses. Ainsi, les économies réalisées sur les dépenses de loyer des sociétés par la réduction du parc immobilier de bureaux pourraient être réinvesties, par quelques mécanismes à mettre au point, dans le logement des employés travaillant à domicile.[45] Il y a là, certes, matière à réfléchir pour l'avenir.

La persistance des jeunes au foyer familial

Durant les années 1969 et 1970, on assistait à une augmentation du nombre de jeunes adultes quittant le foyer familial pour établir leur propre ménage. La disponibilité de logements à loyer abordable et un désir d'indépendance, probablement plus prononcé que chez la génération précédente, ont sûrement contribué à développer cette tendance.

Celle-ci, toutefois, commença à s'inverser dès la fin des années 1970 et on assista à une légère remontée de la proportion de jeunes vivant chez leurs parents. Après un début timide, la hausse de cette proportion se fit plus remarquable dans le groupe des 20-24 ans à partir de la récession de 1982. Elle passa de 37% en 1981 à 45% en 1985. Cette tendance serait perma-

---

45. Eleb-Vidal, Châtelet et Mandoul (1988).

nente et attribuable aux enfants qui retardent leur départ du foyer familial, ainsi qu'à d'autres revenant au bercail après quelques années.[46]

La persistance des jeunes à la maison des parents est le résultat de forces antagonistes : l'une, qui pousserait au départ précoce, reflet du désir d'autonomie chez les jeunes, est toujours vivace ; l'autre, plus puissante, est due à la crise économique et aux difficultés d'accès aux logements.[47] Car lorsque l'activité économique ralentit et que les revenus piétinent ou baissent, le désir d'habiter son propre logement s'estompe. Aussi, la persistance des jeunes au foyer apparaît liée de façon plus évidente aux cycles de l'économie que dans le cas du phénomène de la cohabitation.

Il faut noter que même si les jeunes quittent le foyer familial, très souvent, ce départ n'est pas définitif, surtout au cours des premières années. Beaucoup d'entre eux s'installent à plusieurs dans un logement situé à proximité du lieu de travail ou d'étude, tout en conservant une chambre ou une possibilité de retour chez leurs parents. Ces jeunes reviennent la plupart du temps à la faveur des vacances estivales ou encore lors de périodes prolongées de chômage. Aux États-Unis, on a d'ailleurs inventé un terme pour désigner ce nouveau phénomène : les *baby boomerangs*. C'est donc dire que le départ des enfants n'implique pas toujours la diminution immédiate des besoins en espace de la famille, du moins tant que les parents décideront de maintenir une pièce « en cas ».

Des formes d'habitation qui tiennent compte du besoin d'autonomie des adolescents et des jeunes adultes ont été construites au Danemark. Le projet de Bondebjerget, dans ce pays, comprend des logements dont les chambres à coucher pour les jeunes disposent d'un accès direct à l'extérieur (voir

---

46. Clayton Research Associates et Scanada Consultants (1989).
47. Bonvalet et Merlin, *op. cit.*

NIVEAU BAS

NIVEAU HAUT

7. *Ensemble d'habitations coopératives de Bondebjerget à Odense, au Danemark. Certains logements sont conçus de façon à accroître l'autonomie des adolescents: leurs chambres occupent un niveau distinct et l'une d'entre elles est munie d'une entrée secondaire. Aussi, le traitement des aires de circulation permet aux jeunes, ou éventuellement à des chambreurs, d'accéder à leurs quartiers discrètement à partir de l'entrée principale, en marge du reste de la maison.*

(Extrait de «Cohousing», ©1988, de Kathryn McCamant et Charles Durrett. Reproduit avec l'autorisation de Ten Speed Press, Berkeley, Californie).

figure). Ces chambres offrent également la possibilité d'être louées et de rapporter ainsi un revenu appréciable à la famille.[48]

Plus près de nous, on peut citer la pratique courante qui consiste à aménager les sous-sols des maisons. Il faut convenir que cet espace conçu sans fonction particulière s'avère très polyvalent. Maints sous-sols aménagés servent aux adolescents et aux jeunes adultes qui se l'approprient et en font leurs quartiers. Ils expriment ainsi un besoin d'autonomie et d'intimité, tout en demeurant à proximité de la famille.

Dans certains duplex localisés en milieu urbain plus dense, les familles ont décidé d'installer les adolescents à l'étage. Ceux-ci disposent donc d'un accès particulier, de même que d'une salle de bains qui faisait partie auparavant d'un logement indépendant.

Dans tous ces exemples, le même problème revient constamment: comment vivre ensemble tout en respectant le désir d'autonomie de chacun? Peut-on bénéficier des avantages de la cohabitation et de la proximité de la famille tout en minimisant les impacts négatifs sur l'autonomie et l'intimité des individus? Le chapitre 9 se consacre entièrement à ces questions.

---

48. Franck et Ahrentzen, *op. cit.* McCamant et Durrett (1988).

3

CYCLE DE VIE DES MÉNAGES

Les observations précédentes montrent jusqu'à quel point l'émergence de nouveaux types de ménages entraîne avec elle une diversification sans précédent des besoins de logement. Compte tenu qu'il s'agit d'un fait relativement récent, peu de solutions de design existent en vue de répondre adéquatement à tous les besoins, que ce soit d'élever seul un enfant, de recomposer une famille ou de vieillir de façon autonome près de ses enfants.

Quelle approche devrions-nous alors adopter? Créer des logements dont la conception particulière correspondrait aux besoins précis des occupants: logements pour familles avec enfants en bas âge, pour familles avec adolescents ou encore pour cohabitants? C'est oublier que les besoins d'un ménage évoluent avec le temps. Un logement parfaitement pensé pour les besoins présents s'adaptera-t-il aux changements occasionnés par l'arrivée d'un nouvel enfant, le passage à l'adolescence d'un autre ou l'arrivée de la grand-mère qui ne peut plus vivre tout à fait seule? Car il s'agit bien de cela. Les exigences diffèrent suivant les périodes du cycle de vie du ménage. Une même personne peut tour à tour être célibataire, fonder une famille, divorcer, puis constituer une famille monoparentale, pour ensuite reformer une famille avec un nouveau conjoint. Comme le disent si bien Catherine Bonvalet et Pierre Merlin:

«Le déroulement de la vie familiale n'est plus forcément linéaire, mais est devenu une succession de séquences : vie solitaire, vie de couple, familles monoparentales puis de nouveau vie de couple. L'augmentation des personnes seules résulte en partie, outre le vieillissement de la population, de la multiplication de ces périodes solitaires transitoires.»[49]

Les évolutions plus complexes de la famille contemporaine entraînent une recherche permanente de l'adaptation du logement (de sa taille, de son coût) aux nouvelles conditions de la famille.[50] Le défi consiste non pas à répondre à des demandes précises en créant des logements pour des clientèles particulières, mais plutôt à élaborer des unités de logement qui passeront avec succès l'épreuve du temps en s'adaptant avec souplesse à diverses clientèles, ainsi qu'aux différentes étapes du cycle de vie des ménages.

Il existe plusieurs façons d'illustrer le cycle de vie des ménages. Le diagramme suivant, qui s'inspire quelque peu d'un schème existant[51], évoque les cheminements possibles d'un individu au cours de sa vie, compte tenu d'événements, prévisibles ou non, susceptibles de se produire.

Évidemment, la conception interne d'un logement n'apporte parfois qu'un élément de solution aux besoins complexes que connaîtra un ménage tout au long de son existence. Ainsi, il semblerait, comme nous l'avons dit plus tôt, que la mixité des ensembles résidentiels soit en mesure de résoudre des problèmes d'habitat de plusieurs clientèles ; qu'on pense aux personnes âgées, aux familles monoparentales ainsi qu'aux personnes sans lien de parenté parmi lesquelles on peut trouver une complémentarité des besoins.

---

49. Bonvalet et Merlin, *op. cit.*, p. 366.
50. Merlin (1990).
51. Stapelton (1980).

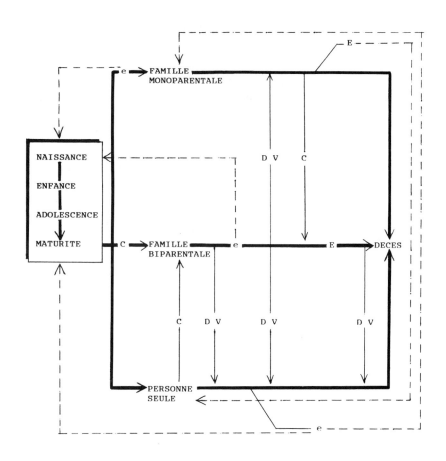

8. *Un modèle du cycle de vie des ménages.*
   (C: formation du couple; e: arrivée d'un enfant; E: départ des enfants;
   D: divorce ou séparation; V: veuvage).

Toutefois, il faut convenir que jusqu'à maintenant, l'éclatement de la famille nucléaire a conduit à une certaine ségrégation démographique dans les régions urbaines : les centres sont en train de devenir le lieu privilégié des personnes seules, des familles monoparentales ou encore des ménages sans enfant. Quant aux banlieues, elles risquent de devenir le refuge des familles avec enfants.[52] Faut-il pour autant faire marche arrière ? Les grands courants socio-démographiques ne semblent pas réversibles à court ou moyen terme. Qu'on le veuille ou non, il faudra adapter un jour ou l'autre la conception des logements aux réalités nouvelles des ménages et revoir les pratiques qui prévalent actuellement dans ce domaine.

---

52. Bonvalet et Merlin, *op. cit.*

Deuxième partie :

LA CONCEPTION DES
LOGEMENTS AUJOURD'HUI

Les principes qui guident l'aménagement des logements ont des racines profondes. Les habitudes culturelles, le savoir et l'habileté du concepteur ainsi que les normes de confort de la société sont quelques-uns des facteurs qui influencent l'organisation de l'espace habitable.

On a tous vécu un jour ou l'autre l'expérience de chercher un nouvel appartement ou une maison. Des critères de sélection implicites, qui font référence par exemple à une demeure qu'on a habitée antérieurement, nous aident à faire un choix. Pour certains, c'est la dimension des pièces et la conversion possible d'une chambre à coucher en salle de travail qui influenceront ce choix. Pour d'autres, la présence d'équipements modernes et de grands espaces de rangement feront toute la différence. Mais nul ne peut se détacher complètement de ce qu'il a expérimenté auparavant.

De même, le concepteur est conditionné par ses propres valeurs. Qu'il s'inspire d'un projet admiré ou des préceptes de l'architecture moderne, l'architecte véhicule dans le logement qu'il conçoit un message, une philosophie et, jusqu'à un certain point, une façon de vivre.

Les besoins des ménages traversent donc un filtre important de décisions avant d'être exprimés physiquement dans l'aménagement. L'existence d'une interaction entre les résidents et l'espace qu'ils habitent ne fait plus de doute. Mais la conception du logement s'adapte-t-elle aux besoins des résidents ou, à l'inverse, est-ce ceux-ci qui doivent s'adapter à l'environnement qu'on leur propose? La seconde partie de cette interrogation, si elle contient une part de vérité, remet en cause la création des logements telle qu'elle se fait actuellement. Au moment précis où les transformations de la famille et l'émergence de nouveaux modes de vie surviennent, un questionnement en profondeur de la convenance des habitations aux nouveaux besoins s'impose.

4

TAILLE DES LOGEMENTS ET TYPES DE MÉNAGES

Alors que plusieurs experts et consultants dans le domaine résidentiel prétendent que les maisons de l'avenir seront plus petites qu'aujourd'hui, les besoins des ménages semblent tout à fait indiquer le contraire.

Il peut sembler paradoxal en effet que la taille des ménages diminue et que les besoins d'espace s'accroissent. Cependant, les observations démographiques, faites sur une vaste échelle, dissimulent une réalité qui s'opère plus subrepticement au niveau des individus : les activités des ménages et les relations entre les individus ont changé dans l'ensemble, vers un besoin accru d'espace. Ainsi, Jeffrey Rosenfeld affirme que les couples sans enfant, les cohabitants et les familles recomposées exigent plus d'espace[53]. À cela s'ajoute, bien sûr, les nouveaux comportements plus axés sur la vie individuelle et de nouvelles pratiques dans l'habitat, dont le travail à domicile est un exemple manifeste.

Encore faut-il distinguer parmi les types de ménages, qui n'ont pas tous les mêmes besoins d'espace. Ces besoins, est-il utile de le rappeler, évoluent aussi dans le temps en fonction des différentes périodes du cycle de vie des ménages.

---

53. Rosenfeld, *op. cit.*

Des logements plus grands

Pour la plupart des ménages, l'observation des besoins résidentiels indique une tendance à accroître la consommation d'espace habitable. Pendant que la taille des ménages au Québec diminuait de 36% entre 1961 et 1986, la taille des logements, elle, demeurait stable autour de 5,3 pièces[54]. La superficie d'habitation par personne s'est donc accrue de façon constante pendant cette période. Et non seulement l'individu consomme-t-il plus d'espace, mais la surface de la pièce est elle-même plus grande qu'autrefois. Dans les constructions neuves par exemple, les vastes pièces et les aires ouvertes sont devenues choses fréquentes. Aussi, on profite de la rénovation des anciens logements pour agrandir les pièces en abattant les cloisons qui les séparaient : le petit cinq pièces, qui était autrefois habité par une famille de quatre personnes, est ainsi devenu un confortable quatre pièces occupé par deux adultes. Il ne faut pas alors s'étonner que les anciens quartiers aient perdu une part significative de leur population, sans qu'il n'y ait eu d'éviction forcée ou de démolition massive.

Sans juger des effets pernicieux qu'une telle pratique risque d'entraîner sur l'adéquation des logements anciens aux besoins des familles, disons que l'accroissement des besoins en espace d'habitation est une tendance qui s'est généralisée au cours des dernières décennies, à la faveur d'une plus grande recherche de confort. Aucun type de ménage n'y échappe, même les familles qui ont trouvé dans l'espace offert par les pavillons de banlieue un attrait de prédilection.

L'une des conséquences de la consommation accrue de surface bâtie est qu'elle contribue à soutenir l'activité du secteur de la construction résidentielle et cela, en dépit d'une

---

54. Statistique Canada, données du recensement.

diminution constante du nombre de nouveaux ménages qui se forment chaque année.

Pour Lodl, Gabb et Combs, la complexification croissante de la famille exige plus d'espace : plus la structure familiale est complexe, plus la nécessité d'espace est grande et plus le besoin d'espaces flexibles devient important[55]. Desplanques et Champion mentionnent que les changements les plus remarquables proviennent des ruptures d'union[56]. La famille monoparentale, observent-ils, a autant besoin d'espace individuel et collectif qu'une famille biparentale. On peut présumer, à tout le moins, que le parent a aussi besoin d'une chambre à coucher, malgré l'absence d'un autre adulte, et d'une certaine forme de séparation avec les enfants[57]. De son côté, le second parent qui occupe un autre logement quelque part augmente au total la consommation de surface habitée par rapport à la situation qui prévalait avant la fragmentation du ménage.

La famille recomposée a aussi été identifiée comme étant un type de ménage nécessitant plus d'espace. La surface supplémentaire est primordiale pour l'adaptation des enfants à des conditions familiales nouvelles. Les besoins de la famille recomposée présentent un certain rapport avec ceux des cohabitants parce que dans les deux cas, des personnes sans lien de parenté partagent un espace commun. La présence d'aires ou de pièces privées, où chacun peut se retirer, est vitale pour atténuer les tensions. Cela est encore plus évident pour les enfants issus de familles différentes qui n'ont pas choisi de vivre ensemble.

L'enquête menée par Lodl, Gabb et Combs sur les besoins des familles indique que le manque d'espace commun se manifeste surtout pendant les premières étapes du cycle de vie

---

55. Lodl, Gabb et Combs (1990).
56. Desplanques et Champion, in : Bonvalet et Merlin, *op. cit.*
57. Wentling (1990).

familial. On y apprend que les jeunes parents de moins de 35 ans accordent plus d'importance que les autres à un espace de réception pouvant accommoder un petit groupe (moins de huit personnes). Cela serait attribuable au désir de socialiser à la maison plutôt qu'à l'extérieur, à cause de la présence de jeunes enfants et de la fréquentation d'autres ménages dans la même situation. Après, les ménages avec de jeunes enfants sont plutôt préoccupés par la nécessité d'aménager une aire de jeux. Ce besoin se fait sentir surtout chez les groupes de parents âgés entre 35 et 44 ans[58].

On aurait tort toutefois de penser que les situations de monoparentalité, de recomposition des familles ou de séjour périodique des enfants à la maison (soit à cause d'une garde partagée ou d'un retour temporaire à l'âge adulte) sont à elles seules responsables de l'accroissement général des besoins en espace des ménages. À l'émergence de nouvelles structures familiales s'ajoutent la cohabitation entre personnes sans lien de parenté, la vie solitaire et le travail à la maison, qui sont autant de conditions exigeant plus d'espace de logement.

Les cohabitants, par exemple, affirment plus clairement leur désir de définir une frontière entre l'espace individuel privé et l'espace commun du logement. Selon leur expérience de vie commune passée, ils ne veulent pas nécessairement recréer la vie en famille et cherchent à éliminer tout sentiment de promiscuité. L'espace individuel, souvent une chambre à coucher, doit être assez vaste et isolé pour que différentes activités puissent s'y dérouler en toute quiétude. Étudier pendant que l'autre écoute de la musique ou recevoir occasionnellement une personne à coucher constituent des comportements qui peuvent parfois être à la source de conflits si le logement n'est pas physiquement adapté à la vie des cohabitants.

---

58. Lodl, Gabb et Combs, *op. cit.*

Comme nous l'avons déjà dit, les personnes vivant seules occupent en moyenne une pièce de plus que les personnes évoluant à l'intérieur des autres ménages. Le travail à la maison nécessite aussi une aire supplémentaire ou, du moins, la conversion occasionnelle d'une pièce dans le logement. L'enquête de Lodl, Gabb et Combs souligne l'importance marquée d'un endroit pour l'informatique parmi les groupes âgés entre 35 et 44 ans. Cette période du cycle de vie familial est souvent plus stable financièrement que la précédente et donc plus propice à l'achat d'un ordinateur. Le besoin d'un lieu de travail à ce moment correspond aussi à une phase active de la vie professionnelle. Alors qu'une pièce aménagée de façon permanente en bureau peut s'avérer dans certains cas indispensable, ailleurs, l'aménagement d'un coin-travail dans une pièce existante ou l'utilisation d'une salle à manger en dehors des heures de repas suffira. La nature du travail effectué, selon qu'il faille se concentrer, utiliser des équipements particuliers, exécuter des tâches bruyantes ou salissantes, peut faire également une grande différence dans l'aménagement d'un tel espace.

Notons que la taille décroissante de certains ménages plus âgés ne se traduit pas nécessairement par une réduction immédiate des besoins en espace habitable. Plusieurs raisons encouragent l'occupation prolongée d'une surface de logement apparemment grande : ce peut être le retour anticipé d'un jeune au foyer familial pendant une période d'instabilité économique ou bien le désir des grands-parents de recevoir régulièrement leurs petits-enfants à dîner ou à coucher. Dans ce dernier cas, on a remarqué que le déménagement des veuves âgées dans un logement plus petit après le décès du conjoint pouvait rencontrer des obstacles, notamment si elles désiraient conserver leur mobilier[59]. La taille réduite du nouveau logement se prêterait peu, en effet, à la présence d'une grande table familiale, d'un

---

59. Wexler, *op. cit.*

vaisselier et même parfois d'un lit double. À une période plus avancée du cycle de vie, le manque d'espace devient aussi une chose préoccupante pour les personnes dont la mobilité est restreinte[60].

En résumé, la diversification des modes de vie provoque un accroissement généralisé des besoins en espace d'habitation. La fragmentation des ménages familiaux, les nouvelles relations qui s'établissent entre les individus et les nouvelles fonctions attribuées au logement sont à l'origine de cet accroissement.

Des logements plus petits

Malgré l'augmentation globale des besoins en espace d'habitation, il faut convenir que ceux-ci peuvent diminuer à certains moments du cycle de vie. Les besoins d'espace d'une famille, par exemple, ne suivent pas de progression régulière ; ils peuvent croître ou décroître à plus d'une reprise au cours des années.

Selon Dluhosch, qui s'est penché sur cette question, le début de la décroissance du nombre de pièces nécessaires à une famille biparentale de quatre enfants arrive 20 ans après la formation du ménage[61] (voir figure). Cette décroissance correspond au départ du premier enfant et se poursuit jusqu'au départ du plus jeune.

---

60. Lodl, Gabb et Combs, *op. cit.*
61. Dluhosch (1974).

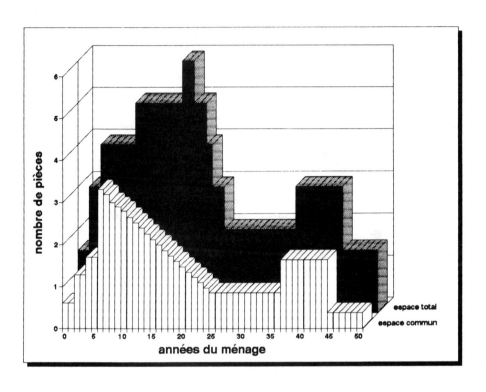

9. *Évolution des besoins en espace, suivant le cycle de vie d'une famille hypothétique de six personnes, d'après Dluhosch.*

La décroissance du nombre de pièces après une vingtaine d'années s'effectue cependant à un rythme plus rapide que ne s'est effectuée sa croissance au cours des premières années du couple. Les besoins d'espace de la famille croissent effectivement de façon modérée lorsque les enfants sont en bas âge, puisqu'ils peuvent facilement partager une même chambre. Le besoin d'une plus grande intimité se manifeste graduellement à mesure que ceux-ci vieillissent, notamment à l'âge scolaire et à l'adolescence.

Une seconde période de décroissance des besoins d'espace habitable survient plus tardivement et correspond au décès de l'un des conjoints. Dluhosch estime cette décroissance à la moitié du nombre de pièces, soit de 3 à 1,5 pièce.

Il s'agit là, bien évidemment, d'un modèle qu'il faudrait se retenir d'appliquer à l'ensemble des familles, car celles-ci connaissent des évolutions fort différentes les unes par rapport aux autres. On apprend, néanmoins, que le partage entre l'espace privé et l'espace commun y joue un rôle fondamental. Ceci revêt une grande importance pour les ménages familiaux, parce qu'il leur est plus facile de se contraindre à partager les mêmes espaces que dans le cas de personnes sans lien de parenté.

D'un point de vue pratique, cette capacité de la famille à vivre en plus ou moins grande promiscuité fait en sorte que si les besoins d'espace changent, ils ne sont heureusement pas aussitôt suivis d'un déménagement. Le changement de vocation d'une pièce, une nouvelle division ou l'aménagement du sous-sol retarderont ce déménagement. La famille possède un mécanisme d'adaptation qui la fait s'accommoder temporairement d'un espace trop petit et ce, probablement mieux que d'autres types de ménages. Par contre, le doute persiste quant à l'obligation de diminuer la surface habitée lorsque le logement devient trop grand. D'autant plus que la possibilité d'un retour des enfants à la maison reste toujours présente. Qu'est-ce qui justifierait alors des logements plus petits ?

Certains experts sont pourtant persuadés que les logements diminueront probablement de superficie dans l'avenir. Dans cet ordre d'idées, l'Américaine Mildred Schmertz propose des solutions afin de faire paraître l'endroit plus grand : larges baies, abaissement des seuils de fenêtres, aménagement d'alcôves et utilisation de couleurs pâles[62]. Mais une question fondamentale se pose : est-ce que l'illusion de la grandeur pourra fournir l'espace supplémentaire que nécessite la venue d'un enfant ?

La croissance du ménage survient la plupart du temps après quelques années de la formation du couple. À moins d'entrevoir un déménagement au bout de ces années ou d'anticiper ses besoins en choisissant d'avance un logement plus grand, le jeune ménage devra envisager de réaménager l'intérieur de sa maison ou encore d'accroître la surface qu'il habite. Le problème se pose particulièrement pour les jeunes accédants à la propriété. Comme ceux-ci espèrent, en devenant propriétaires de leur logement, éviter un déménagement à la venue du premier ou du deuxième enfant, l'espace devra être assez grand, au préalable, pour recevoir tous les membres d'une famille. Le coût élevé de l'accession à la propriété constitue l'obstacle majeur à l'achat d'une première maison ; or, ce coût est encore plus élevé si on lui ajoute l'espace supplémentaire en prévision du besoin futur.

Il serait donc plus juste de dire que c'est dans l'optique du prix élevé d'une première résidence (plutôt que de la réduction de la taille moyenne des ménages, comme bon nombre d'experts l'affirment) qu'un segment spécialisé du marché de l'habitation vise actuellement une diminution de la surface des propriétés. L'idée des maisons de moins de 100 mètres carrés, comme celle de la maison «évolutive» de l'université McGill, a pour principal objectif d'offrir à certains ménages de devenir

---

62. Schmertz, Mildred, in : Keller (1981)

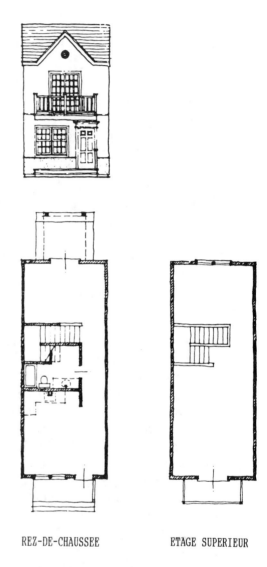

REZ-DE-CHAUSSEE   ETAGE SUPERIEUR

10. *Prototype de logement à surface réduite, développé par les architectes Avi Friedman et Witold Rybczynski, de l'université McGill. S'adressant à une clientèle d'accédants à la propriété, l'étage supérieur est non fini et prévu pour être aménagé par les occupants, afin de réduire le coût d'acquisition.*

propriétaires d'un logement en rangée pour un coût hypothécaire comparable à celui d'un loyer mensuel[63].

Le prototype réalisé par les architectes Avi Friedman et Witold Rybczynski de l'université McGill prévoit loger un jeune ménage, accédant à la propriété, dans une maisonnette de 92 mètres carrés répartis sur deux étages (voir figure). L'étage supérieur est un espace ouvert qui peut être divisé ultérieurement par les occupants, selon leurs besoins. Plusieurs projets d'habitation inspirés de ce concept ont été bâtis depuis dans la région de Montréal, stimulés par les multiples programmes d'aide pour l'accession à la propriété résidentielle, offerts par les gouvernements et les municipalités. Les constructeurs privés ont toutefois modifié le plan d'origine, en subdivisant l'espace du haut et en dégageant plutôt l'aire commune du rez-de-chaussée (voir figure).

Notons que plusieurs sondages auprès d'acheteurs potentiels de petites maisons ont révélé que les gens étaient prêts à terminer eux-mêmes la finition de leur logement. Les institutions prêteuses seraient toutefois réticentes à financer des maisons qui ne seraient pas complètement terminées au moment de l'achat.

Lorsque le logement est petit et qu'il ne possède pas la qualité de pouvoir s'agrandir ou d'être réaménagé, il risque d'intéresser davantage les ménages d'adultes que les familles avec des enfants. C'est d'ailleurs ce que tendent à démontrer d'autres expériences de petites maisons comme celle de l'architecte et promoteur Donald William MacDonald aux États-Unis. Les maisons construites ont en fait surtout trouvé preneurs auprès d'une clientèle de personnes seules. L'un des prototypes ayant connu un vif succès récupère un petit espace en mezzanine sous le toit en pente (voir figure). L'espace, accessible par une échelle, peut être aménagé selon la préfé-

---

63. Ce coût exclut évidemment la mise de fonds et tous les frais connexes associés à l'achat d'une propriété.

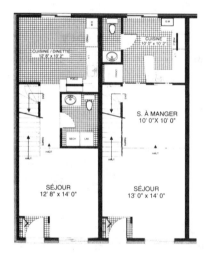

REZ-DE-CHAUSSEE

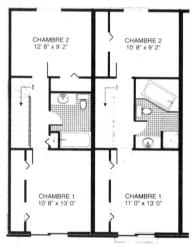

ETAGE SUPERIEUR

11. *Version du prototype de la maison à surface réduite, de l'université McGill, réalisée par le constructeur Léo Marcotte. Les maisons en rangée (page suivante) sont vendues complètement finies, avec diverses options d'aménagement. Par rapport au concept original, l'escalier à une volée située le long du mur mitoyen, et la disposition de la salle de bains à l'étage des chambres, dégagent davantage l'espace au rez-de-chaussée de certains modèles.*

rence des occupants en aire de sommeil, de lecture ou de rangement. La polyvalence de cette mezzanine est appréciée de ses utilisateurs car elle leur permet des adaptations futures.

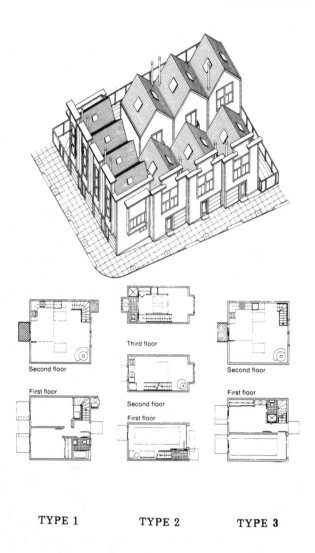

Third floor

Second floor

First floor

Second floor

First floor

Second floor

First floor

Second floor

First floor

TYPE 1   TYPE 2   TYPE 3

12. *Variantes du prototype de maison à surface réduite, de l'architecte et promoteur Donald W. MacDonald, de San Francisco. La récupération de l'espace sous les combles offre un espace additionnel, dont la fonction non déterminée permet aux occupants de l'aménager selon leurs propres besoins.*

Les maisons qui grandissent avec la famille sont courantes en Amérique Latine et aux Antilles. Les *viviendas popular*, ou habitations populaires du Mexique, croissent graduellement autour d'une petite unité de départ, sorte d'embryon de maison comprenant une aire de séjour, un coin-cuisine et un lit. Avec les années, d'autres pièces viennent s'ajouter au bâtiment initial et densifient peu à peu le terrain, en laissant des surfaces vides pour l'aménagement de patios et de jardins. Les *viviendas* se reconnaissent facilement à leur allure de chantier permanent : des tiges d'acier sortent des colonnes de béton et dépassent le niveau du toit, prêtes à recevoir un étage additionnel.

L'agrandissement d'une vivienda est une chose relativement simple, peu coûteuse et exécutée par les occupants à longueur d'année. On retrouve cette façon de faire dans plusieurs pays en voie de développement et il est fascinant de voir comment, dans des grandes villes comme Puebla au Mexique ou Port-au-Prince en Haïti, les habitants adaptent continuellement leurs demeures à l'évolution de la famille. Il faut dire que le climat simplifie les techniques de construction qui peuvent être employées dans ces pays. L'activité du bâtiment résidentiel y est aussi moins réglementée que chez nous et échappe à l'emprise d'une organisation industrielle développée. Ces conditions, avouons-le, sont particulièrement favorables à l'éclosion d'une véritable architecture évolutive.

L'architecte Christopher Alexander, auteur du célèbre ouvrage «A Pattern Language», lie cette forme d'architecture à la participation directe des usagers dans la conception de leurs maisons. Son expérience avec les habitants de Mexicali en Basse-Californie laisse songeur, quant à la possibilité de reproduire un tel type d'architecture sur le continent nord-américain[64]. Alors que les habitants se montraient extrêmement satisfaits de leurs demeures faites sur mesure, les représentants

---

64. Alexander (1985).

officiels du gouvernement mexicain étaient déçus du résultat du projet; il présentait, selon eux, une allure peu homogène et ne comportait aucun plan-type dans lequel on aurait pu déceler un quelconque tracé régulateur. Pourtant, l'utilisation des mêmes techniques de construction et de matériaux disponibles localement confèrent à l'ensemble une unité visuelle authentique. Mais le plus déroutant avec ce genre d'architecture, c'est que personne ne peut prétendre connaître l'aspect final d'un groupe de maisons, ni de ce qu'aura l'air le voisinage dans quelques années. Outre la capacité des résidents d'entreprendre des agrandissements, l'obstacle premier reste le contrôle des autorités sur les formes bâties.

La grande vogue des maisons mobiles au Canada et aux États-Unis, au cours des années 70, a été à l'origine d'une forme d'architecture évolutive pour le moins paradoxale, qui alliait à la fois l'industrialisation et l'auto-construction. Plusieurs propriétaires ont sédentarisé ces maisons étroites sur roues en leur ajoutant une pièce supplémentaire, un garage, un sous-sol et de multiples éléments architecturaux, tels que porches, vérandas, toit en pente, etc. (voir figure). Les maisons mobiles ont ensuite été marginalisées par l'effet combiné d'une baisse de la demande (elles ne comptent plus aujourd'hui que pour 1,5% des logements construits annuellement au Québec) et d'une réglementation qui restreint leur implantation sur des terrains réservés à cet effet.

À cause d'un parc de logements locatifs très important au Québec, le souci d'économie ne semble pas être un argument assez solide pour convaincre les ménages familiaux d'acquérir des petites maisons qui n'offrent aucun potentiel d'agrandissement. En effet, peu de familles voudront devenir propriétaires

13. *Page ci-contre: Forme d'architecture évolutive en Amérique du Nord. La popularité des maisons mobiles, il y a vingt ans, a fait en sorte qu'elles ont essaimé un peu partout, avant que la réglementation ne vienne les confiner à des endroits bien spécifiques. Depuis ce temps, leurs propriétaires les ont adaptées de façons très variées à leurs besoins en espace.*

Maison mobile, sédentarisée par l'ajout d'une construction en sous-sol.

Les volumes et les éléments architecturaux entourant cette maison cherchent à faire oublier la forme encore reconnaissable de la maison mobile au centre.

(Photos extraites de «Wheel Estate», Oxford University Press, New-York)

pour sacrifier en retour l'espace d'un grand logement qu'elles louent, ou perdre simplement le loisir de déménager lorsque les besoins se transforment. L'idée de la maison de petites dimensions répond certainement dans les premiers temps aux besoins d'espace réel des jeunes ménages, étant donné leurs moyens financiers limités. Mais après ? La maison évolutive, quant à elle, répond aux aspirations du jeune ménage à condition de pouvoir être véritablement transformée. Dans le cas contraire, ces logements sont voués à changer de propriétaire fréquemment et à signifier davantage à leurs yeux une forme d'épargne ; c'est la maison « tire-lire » des premières années, celle qui aura permis d'acheter plus tard la seconde, plus grande évidemment.

D'autres types de ménages pourront toujours être intéressés à habiter une maison de petites dimensions pour des raisons tout à fait distinctes des précédentes. Ce peut être, par exemple, à cause de la diminution des tâches d'entretien qu'offre une surface habitable moindre. Witold Rybczynski fait également allusion à la notion de confort que procureraient les petites maisons[65]. Le fait de contrôler visuellement et auditivement l'espace environnant fournirait à certaines personnes un confort psychologique qu'elles ne retrouveraient pas dans les maisons aux dimensions plus vastes.

Des maisons plus petites ? Pas vraiment pour la famille, si elles n'offrent pas de possibilités d'extension. Oui, quand elles s'adressent à un segment spécialisé du marché qui se compose de petits ménages d'une ou deux personnes désirant accéder à la propriété. Compte tenu, cependant, des besoins changeants des ménages et de la tendance à occuper plus d'espace par personne, il est peu probable que la simple réduction des dimensions du logement soit la seule solution qu'il faille privilégier dans l'avenir.

---

65. Rybczynski (1989).

5

FLEXIBILITÉ DU LOGEMENT

L'idée de créer des espaces flexibles pour répondre aux styles de vie variés et aux besoins changeants des ménages est présente dans la tradition architecturale et dans celle de l'aménagement. Plusieurs expérimentations en ce sens ont été réalisées depuis le début du siècle. Parmi celles-ci, l'introduction des cloisons mobiles, qui n'est que l'une des nombreuses tentatives pour obtenir de la flexibilité, même si c'est probablement la plus connue. Avec l'apparition du plan libre de murs porteurs, les architectes du mouvement moderne furent encouragés par les nouvelles perspectives qu'offraient les aménagements souples, modifiables au gré des occupants. Pourtant, comme le fait remarquer Pierre Merlin, l'habitat flexible ne semble plus guère de mise, au moment précis où l'évolution des structures familiales serait susceptible de le rendre très utile.

D'autres aspects de la flexibilité retiennent aussi l'attention. Évidemment, on doit demeurer conscient que l'ajout d'éléments permettant la souplesse peut engendrer un coût supplémentaire. En outre, il y a des types de logements qui se prêteraient plus naturellement à l'adaptation que d'autres. C'est ce que nous tâcherons de voir dans les pages qui suivent. Mais auparavant, nous tenterons de mieux définir le concept de la flexibilité.

Le concept de la flexibilité

L'adaptation du logement aux besoins d'espace des occupants prend des formes diverses. Le concept de la flexibilité est fréquemment utilisé en aménagement pour qualifier certaines transformations qui touchent à l'espace habitable. On distingue communément plusieurs types de ces transformations, selon qu'on réaménage l'intérieur d'une surface donnée, qu'on altère le volume du bâtiment, que les transformations s'effectuent avant l'occupation du logement par les résidents ou bien qu'elles se font après.

La flexibilité est définie par Merlin comme le réaménagement des espaces du logement à l'intérieur du volume existant[66]. Elle ne peut être qu'*interne* au logement, par opposition à ce qui lui est *externe* et qu'on associe généralement à l'élasticité. Dluhosch précise pour sa part que le changement doit s'effectuer sans modifier le système de construction comme tel[67]. La structure porteuse est ainsi identifiée par beaucoup comme une limite à la flexibilité à l'intérieur de l'enveloppe du bâtiment. Le Dictionnaire de l'urbanisme et de l'aménagement indique que la flexibilité « implique une nette distinction entre la structure et l'enveloppe d'une part, les cloisons, les équipements et finitions d'autre part, ces ouvrages étant de préférence du type mobilier »[68].

Mais pour quelques-uns, ce concept dépasse les seules frontières du logement. Nicolas Habraken, auteur d'un concept d'habitation flexible dont il sera question plus loin, y voit l'ensemble des possibilités d'aménagement offertes en modifiant la surface du logement, soit en lui ajoutant une construc-

---

66. Bonvalet et Merlin, *op. cit.*
67. Dluhosch , *op. cit.*
68. Merlin et Choay (1988), p. 300-301.

tion nouvelle, soit en modifiant son périmètre[69]. D'autres, dans ce cas, parlent plutôt d'*élasticité*, pour désigner l'accroissement ou la diminution de la surface du logement.

Merlin regroupe différentes solutions lorsqu'il s'agit d'ajouter une ou plusieurs pièces à un logement : les tentatives françaises de logements « agrandissables » montrent ainsi trois degrés d'extension. Le premier degré correspond à l'agrandissement par l'intérieur d'un grand volume construit, comme l'incorporation d'une pièce qui fait partie de l'appartement voisin. Le deuxième degré équivaut à l'agrandissement du noyau initial du logement par l'utilisation d'une structure en attente, fermée et couverte, comme par exemple la récupération d'un espace d'entreposage devenu inutile. Le troisième degré consiste à agrandir le noyau initial par la juxtaposition de volumes complémentaires, telle que la construction d'une rallonge à une maison[70]. Les solutions d'élasticité du premier et du second degrés s'adressent davantage aux résidents d'appartements, qui sont précisément les personnes les plus affectées par l'instabilité de la structure des ménages. La dernière possibilité convient mieux aux maisons individuelles, car elle nécessite un espace de terrain suffisant pour se concrétiser. Elle rejoint en ce sens l'idée du logement évolutif, dont font foi les exemples de réalisations que nous avons évoquées plus tôt.

L'adaptation des espaces du logement à l'évolution des modes de vie d'une famille ou à l'emménagement d'une nouvelle famille résidente introduit la notion de temps dans l'approche spatiale de la flexibilité. Les concours du Programme Architecture Nouvelle de 1987 en France (PAN) et de l'EuroPAN, son équivalent européen, en 1989, ont directement associé le concept d'*évolutivité* à la transformation de la famille : « l'évolution suppose la possibilité d'adapter à long

---

69. Habraken (1976).
70. Bonvalet et Merlin, *op. cit.*

terme la partition du logement en fonction des transformations familiales »[71]. Ainsi, il existe une flexibilité *initiale*, pensée au moment de la conception du logis, et une flexibilité *continue* dans le temps, qui survient au gré des besoins.

La flexibilité *initiale* consiste à permettre diverses options d'aménagement avant l'occupation du logement par les futurs résidents. Elle suppose un geste délibéré de la part de l'architecte et du constructeur, dans le but d'offrir des choix d'aménagements à l'utilisateur et ce, en se basant sur les hypothèses les plus vraisemblables de son mode de vie. Une illustration de la flexibilité initiale est fournie par les logements vendus d'après des plans de base qu'il est possible de modifier, dans certaines limites, au goût de l'acheteur et moyennant un coût supplémentaire.

La flexibilité *continue* est la possibilité de changer l'aménagement du logement à court, moyen ou long terme, après l'occupation par les habitants. Thierry Mandoul intègre l'*élasticité* et l'*évolutivité* à cette notion. Il ajoute un troisième concept, la *mobilité*, qui « implique une modification rapide des espaces du logement selon l'heure et les activités de la journée. »[72] Encore ici, la flexibilité du bâtiment est associée aux éléments indépendants de la structure, comme les cloisons mobiles. Aussi, la mobilité suppose que les travaux peuvent être exécutés par les résidents eux-mêmes. Lorsqu'il s'agit d'éléments que l'on peut déplacer à volonté, tels que le mobilier et les portes, on parle de flexibilité «douce». La participation des usagers à la transformation de leur environnement est alors plus fréquente.

De plus, la flexibilité peut être *totale* ou *partielle*. Concrètement, cela veut dire que le plan libre de murs porteurs, comme celui d'un grand espace vide, constitue un modèle de flexibilité totale, s'il n'existe aucun obstacle pour la disposition des aires

---

71. Eleb-Vidal et al., *op. cit.*, p. 103.
72. Mandoul, Thierry, in : Eleb-vidal, Châtelet et Mandoul, *op. cit.*, p. 103.

d'activités. Lorsque des éléments fixes, comme la salle de bains ou la cuisine, établissent des contraintes d'aménagement, la flexibilité n'est alors que partielle. Comme on peut le constater, la flexibilité recouvre plusieurs notions selon le genre de transformation (voir figure). Au sens strict du terme cependant, la flexibilité concerne les modifications du plan intérieur du logement. La réduction et l'agrandissement du volume bâti se rapportent plutôt aux concepts de l'élasticité et de l'évolutivité.

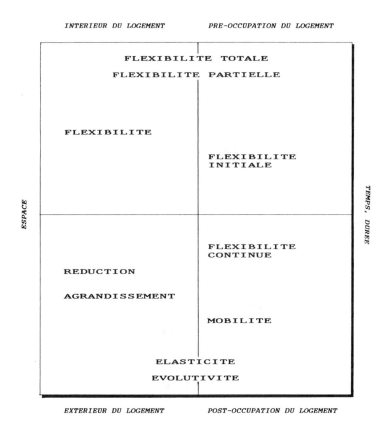

14. *Les concepts liés aux transformations spatiales du logement (souplesse)*

La souplesse apparaît dans ce cas comme un terme générique plus vaste que la flexibilité, car il englobe tous les types d'adaptations spatiales du logement, y compris ceux relevant de la diminution et de l'augmentation de la surface habitable. Il décrit donc bien l'ensemble des transformations qui sont liées aux besoins changeants des ménages.

La flexibilité comme champ d'expérimentation

La notion de flexibilité est probablement aussi ancienne que le logement lui-même. Ce ne sont guère que les deux derniers siècles qui, en Occident, ont fait de la rigidité la règle dans la conception des logements et notamment, en matière de ségrégation des espaces. Nous verrons cela en détail un peu plus loin. Il faut par contre noter que c'est le courant moderne qui, le premier, s'interrogea de façon théorique sur cette notion et effectua les premiers essais.

En Europe, les premières recherches à être menées sur le logement flexible l'ont été par le Bauhaus (Gropius, à Dessau, 1925 ; Mies Van der Rohe à la Weissenhofsiedlung, à Stuttgart, 1927) et par le Stijl (maison Schröder par Rietveld à Utrecht, 1924) et ensuite par Le Corbusier (projet pour Alger, 1937).

L'American Public Health Association, de son côté, rapporte qu'en 1928, Henry Wright avait construit des appartements en duplex flexibles à Sunnyside, dans la ville de New-York. Des appartements de deux pièces, et d'autres de quatre pièces sur deux étages, étaient séparés par une cage d'escalier et pouvaient être combinés pour former des appartements de 6, 8, 10 ou 12 pièces. L'idée moderne de la maison

« agrandissable », c'est-à-dire conçue au départ pour être agrandie, est aussi présente chez Martin Wagner à Berlin, en 1931.[73]
Plus tard, des immeubles expérimentaux furent érigés en Suède, notamment à Göteborg (1954) et à Stockholm (fin des années soixante). De ces tentatives, il s'est avéré que 15 à 20% des habitants seulement avaient fait usage des possibilités qui leur étaient offertes. La Suède était après la guerre le seul pays en mesure, économiquement et socialement, de réaliser de telles opérations. L'immeuble de Jarnbrot (Göteborg) était à l'image de la flexibilité partielle, telle que définie plus haut; un pilier central prenait les charges du plancher et toutes les cloisons étaient mobiles, sauf celles de la cuisine et de la salle de bains.

Un autre projet guidé par le concept de flexibilité partielle a aussi vu le jour à Uppsala, en 1966. Il mettait à contribution la participation des résidents selon un procédé original: pour les premiers locataires, la distribution des espaces s'effectuait en collaboration avec l'architecte; pour les suivants, un stock de cloisons était mis à leur disposition.[74] Au début, la flexibilité initiale a démontré dans quelques logements la variété d'aménagements réelle et ensuite, elle a suscité chez les autres résidents la prise en charge de l'organisation de leurs espaces, possible grâce à une flexibilité continue.

Il faut souligner également les travaux français des frères Arsène-Henry (1969-1971), les opérations expérimentales de la Grande Mare à Rouen ainsi que celles des Marelles à Val-d'Yerres (1971-1975). Ces réalisations expérimentales furent marquantes, mais elles connurent cependant des échecs, dont nous reparlerons un peu plus loin.

Aujourd'hui, il faut malheureusement avouer que le thème de la flexibilité du logement a perdu de son acuité: l'accent a

---

73. Bonvalet et Merlin, *op. cit.*
74. Eleb-Vidal et al., *op. cit.*

été mis sur la participation des habitants à la conception du logement, à la suite d'idées comme celles de Christopher Alexander, voulant que les habitants ne soient plus de simples usagers mais des acteurs de leur propre environnement.

Les travaux du SAR (Stichting Architecturen Research) sur la flexibilité des logements, dirigés au début par Nicolas Habraken, aux Pays-Bas, ont eu une influence considérable dans ce domaine depuis les années 60. Dans la démarche du SAR, les usagers participent à la création de leur logement, ce qui va à l'encontre des procédés qui ont habituellement servi à construire les immeubles collectifs modernes.

Dans le cadre de la réflexion théorique du SAR, Nicolas Habraken a développé le concept de «support» et d'«unités détachables». Il s'agit d'une structure fixe (support) à l'intérieur de laquelle toutes sortes de plans sont possibles. L'unité détachable est un élément sur lequel l'usager peut effectuer des changements: meubles, système de cloisons et autres produits industriels. Mais ici, la technologie de construction passe en deuxième et la méthode du SAR se fonde sur la nécessité de faire participer les usagers à la conception:

> «Il faut tendre à une adaptabilité à moindre effort. Le but à atteindre n'est pas une flexibilité totale. L'idée est de faire comprendre que ces composants, qui auront à changer pour répondre aux besoins individuels de l'usager et à s'adapter aux modifications du mode de vie des habitants, puissent induire eux-mêmes le changement.»[75]

L'un des principaux avantages de cette méthode est qu'elle introduit un moyen de vérifier systématiquement les possibilités d'aménagement à l'intérieur de la structure-support. Cet exercice s'effectue à l'aide d'une grille orthogonale ayant un module minimal de 10 centimètres, mondialement accepté. L'idée séduisante de rationaliser le design d'habitations flexi-

---

75. Nicolas Habraken, in: Chaslin [s.d.], p. 29.

bles semble cependant avoir donné lieu à plus de débats chez les architectes que de réalisations concrètes par les constructeurs. La mise en œuvre de concepts innovateurs dans le logement constitue toujours une aventure dont personne ne connaît d'avance le dénouement.

Les problèmes de la flexibilité

Il faut malheureusement convenir que les différentes expériences menées sur le logement flexible ont eu leur lot de problèmes de mise en œuvre. Les contraintes techniques paraissaient très lourdes pour les habitants et se sont révélées plutôt onéreuses, à cause des procédés utilisés et de l'allongement des délais de construction. Par exemple, dans le cas des Marelles de Val-d'Yerres, les délais très longs ont forcé le maître d'œuvre à interrompre l'entreprise.[76]

L'opération Les Marelles, mise au point par les architectes B. Kohn et G. Maurios (1971 à 1975), permettait d'agrandir ou de réduire l'appartement par accord avec les voisins. L'initiative connut un échec commercial assez important: seulement 15 acquéreurs sur un total d'une centaine d'unités. La commercialisation du projet s'est poursuivie, mais les autres unités furent construites selon un mode plus traditionnel. Quant aux premières unités flexibles, les individus qui les occupaient en 1985 ignoraient le caractère évolutif de leur logement. En outre, de nombreuses plaintes furent déposées concernant la superposition de pièces différentes (séjours au-dessus de chambres, salles d'eau au-dessus de séjours, etc.)[77]

---

76. Blanc, Vasselon et Bellet (1988).
77. Melchior (1990).

L'un des premiers projets de logements flexibles à aboutir fut celui des frères Arsène-Henry et de leur associé Bernard Schoeler (1969-1971). Ce projet comprenait 36 appartements libres de cloisons, celles-ci étant disposées à la volonté des locataires. Ces derniers avaient donc un rôle assez actif dans la conception de leur logement. Le poids de la gestion de ces transformations s'est cependant avéré très lourd pour les administrateurs de l'immeuble. Il faut mentionner de plus le coût de certaines transformations nécessitant des travaux de plomberie et d'électricité, pour redisposer les espaces selon le plan d'origine. Avec les départs de locataires, l'office d'HLM de Montereau a décidé, vers 1975-1977, de fixer ces plans, qui d'évolutifs devinrent définitifs.[78]

Une deuxième réalisation a été marquante pour le bilan des logements flexibles en France. Il s'agit de l'opération de la Grande Mare à Rouen, prévoyant 500 logements sociaux construits en métal, selon un procédé industriel (le procédé GEAI). L'office public d'HLM a autorisé toutes les demandes de modification, mais à la suite de trois incendies en 10 ans, on en est revenu à des cloisons fixes.[79]

Dans ce contexte, il apparaît significatif qu'au sein des 400 projets initiés par le Plan Construction du gouvernement français, il n'y ait eu que 5% de réalisations évolutives et 95% d'opérations participatives.[80] L'adaptation des logements semble être plus facile lorsqu'on implique les résidents dans la flexibilité initiale du projet que lorsqu'on leur transfèrc la responsabilité d'effectuer les changements de façon continuelle.

Les expériences de flexibilité du logement, en particulier celles faisant usage de cloisons mobiles, ont la réputation d'avoir été peu convaincantes. Selon des observateurs, l'accep-

---

78. Melchior, *op. cit.*
79. Melchior, *op. cit.*
80. Bonvalet et Merlin, *op. cit.*

tation des cloisons mobiles par les habitants amène une difficulté de perception symbolique: «elles sont vues non comme mobiles, mais comme non immobiles: instables, fragiles, précaires»[81]. Les opérations d'architecture flexible semblent se conclure presque systématiquement par des plans où les occupants reproduisent les modèles spatiaux auxquels il sont habitués.

Toujours selon ces observateurs, la flexibilité n'est pas seulement une affaire de cloisons mobiles. Ils citent à cet égard l'exemple des appartements bourgeois du XIXᵉ siècle qui vieillissent en général très bien et qui se prêtent à des usages fort différents de ceux pour lesquels ils avaient été prévus.

> «L'assurance, l'autorité, et pour tout dire la résistance de leur plan souvent sévère est précisément la condition même de la pluralité des interprétations auxquelles ces appartement donnent lieu, dans un jeu de réinterprétations continues, de redéfinitions des lieux ou même de détournements, où les stratégies familiales trouvent finalement un bon champ de réalisation.[82]»

En fait, rares furent les expériences assurant l'adaptabilité totale des espaces de logement, qu'il s'agisse de la flexibilité interne ou même de l'élasticité. Mais il serait sans doute prématuré de parler d'échec, tant ces expériences ont été menées sans conviction et sans continuité par les maîtres d'ouvrages,[83] à une période où la structure des ménages était encore relativement stable.

---

81. Blanc, Vasselon et Bellet, *op. cit.*
82. Blanc, Vasselon et Bellet, *op. cit.*, p. 144-145.
83. Bonvalet et Merlin, *op. cit.*

Coût de la flexibilité

Il existe depuis longtemps des pratiques architecturales peu coûteuses qui permettent une grande flexibilité du logement. Pour en nommer quelques-unes, citons les façades porteuses qui libèrent le plan intérieur de cloisons encombrantes ; le regroupement de tous les services et équipements fixes du logement, sur les murs de refend porteurs ou à l'intérieur de cloisons épaisses ; l'utilisation de cloisons mobiles ainsi que l'emploi d'un mobilier fabriqué pour être aisément déplacé.[84]

La flexibilité, qui fut à quelques reprises considérée parmi les objectifs de programmes gouvernementaux en Europe occidentale, a parfois été utilisée dans des projets du secteur privé, surtout comme incitatif à la vente d'unités de logements. Le coût de ces projets est comparable, dit-on, à celui des projets plus conventionnels. La majorité des résidents apprécient la flexibilité de leurs logements et aiment participer au processus de conception.

Cependant, il est généralement reconnu que les éléments flexibles coûtent au départ environ 5 à 7% plus cher que les éléments conventionnels. Ce coût supplémentaire dépend du degré de flexibilité recherché, de l'ampleur du projet, du type de technologie utilisée et de la capacité de gestion.

Il s'agit bien sûr d'un coût supplémentaire initial, pris en charge par le constructeur. Mais la perspective de ce coût change, lorsqu'on tient compte de la durée de vie du bâtiment et du cycle de vie des ménages. Ainsi calculé, le coût global de la flexibilité se répartit sur une longue période, qui dépend de la fréquence des changements, des coûts de capitalisation et des coûts d'exécution comme ceux associés au démontage et à la

---

84. Eleb-Vidal, Châtelet et Mandoul, *op. cit.*

relocalisation de cloisons. Les études sur le coût global de la flexibilité à long terme concordent sur ce point :
«Flexibility will be economically beneficial to users when savings are greater than initial investments and expenses when calculated on a life cycle basis.»[85]

Le coût d'un espace flexible serait donc plus élevé au départ, mais il serait compensé à la longue par les économies réalisées sur les travaux d'adaptation du logement et par le maintien des occupants sur place, sans compter la satisfaction que ceux-ci en retirent. En effet, ils éviteraient de déménager chaque fois que leurs besoins se transforment.

Flexibilité et statut d'occupation

Les immeubles d'appartements sont-ils moins flexibles que les maisons individuelles ? Selon Gérard Blachère, la flexibilité interne du logement fonctionne bien si l'espace du logement est vaste. On parle alors de 10% de plus de surface habitable. On sait que les maisons individuelles comportent généralement une plus grande surface habitable que les logements situés dans des immeubles collectifs de construction récente. De plus, les maisons individuelles permettent une extension de cette surface avec l'aménagement du sous-sol et la construction d'une rallonge à l'extérieur. De ce point de vue, on voit mal comment on pourrait ajouter de l'espace de façon harmonieuse à l'intérieur de logements situés dans des immeubles multi-familiaux, tels qu'il sont conçus actuellement.[86]

---

85. Friedman (1987), p. 95.
86. Divay et Mathews (1981).

À prime abord, donc, les logements locatifs situés dans des immeubles collectifs apparaissent moins flexibles que les maisons individuelles occupées par leurs propriétaires. Divay et Mathews émettent l'hypothèse que le parc de logements est de plus en plus rigide, étant donné l'augmentation des immeubles multi-familiaux dans l'offre contemporaine. Selon eux, 41% des logements mis en chantier au Canada se trouvent dans cette catégorie.

Cette hypothèse a de quoi faire réfléchir. Si les maisons individuelles et même certains duplex, de par leur forme, se prêtent naturellement à l'adaptation, c'est entre autres parce que leur surface habitable a la propriété de pouvoir croître ou décroître. On a vu des duplex transformés en maisons unifamiliales, d'autres auxquels on avait ajouté un logement supplémentaire. Des propriétaires ont agrandi leur maison unifamiliale à même le sous-sol ou le grenier.[87] Il faut préciser que la période d'occupation des logements, plus longue chez les propriétaires, fait en sorte qu'une modification des besoins d'espace est plus susceptible de se produire pour eux que pour les locataires, qui sont toujours hantés par le spectre du déménagement. Aussi, les propriétaires perçoivent le coût des travaux d'adaptation des logements qu'ils occupent comme une forme d'investissement financier qui leur est profitable. Ceci est loin d'être le cas pour les locataires.

De là, il ne faut évidemment pas conclure à l'obsolescence des immeubles collectifs. Tout le monde n'a pas les moyens de devenir propriétaire d'un cottage ou d'un bungalow de banlieue. D'ailleurs, comme nous l'avons vu précédemment, cette formule ne répond pas nécessairement aux besoins de la majorité des individus. Qu'on pense notamment aux familles monoparentales et aux personnes seules. Par contre, tous les individus sont susceptibles de voir évoluer la structure de leur

---

87. Teasdale et Wexler, *op. cit.*

ménage et éprouveront le besoin d'adapter leur logement à de nouveaux besoins. Il faudrait plutôt se demander s'il serait possible de rendre flexible les immeubles collectifs moyennant quelques aménagements, que ce soit en augmentant la superficie de surface habitable, en prévoyant des pièces récupérables pour le logement ou encore, en concevant des pièces multifonctionnelles.

6

LA SÉGRÉGATION DES ESPACES

La ségrégation des aires du logement est un concept relativement récent dans l'histoire de l'architecture. Cette fragmentation de l'espace répondrait aux exigences de la vie du vingtième siècle, du moins telles que formulées par les théoriciens du mouvement moderne en architecture, parmi lesquels Le Corbusier fut l'un des principaux protagonistes. En effet, suivant les principes de cette architecture que l'on a appelée fonctionnaliste, chaque pièce prévue lors de la conception du logement doit comporter une fonction bien précise. On y mange, on y dort, on s'y lave ou on s'y détend. L'indétermination n'a pas sa place. Désormais, le logement est une «machine à habiter», pour employer une expression très connue, et la forme des constructions doit se soumettre à leurs fonctions.

Cette vision très rationnelle du logement a accentué fortement des tendances qui, il faut le dire, se profilaient déjà dans l'architecture traditionnelle : la séparation de la zone d'activités pendant le jour et de la zone de «nuit», des espaces équipés «servants» et des espaces non équipés «servis», de l'espace privé et de l'espace public. Ces principes, que l'architecture moderne a fait siens, sont maintenant tellement ancrés dans la pratique qu'on ne songe même plus à les remettre en question lors de la conception des logements ; et ceci, nous le verrons, aux dépens de la souplesse et de la polyvalence des espaces.

De la polyvalence au découpage fonctionnel

Witold Rybczynski, dans son ouvrage sur le confort, trace un portrait de l'évolution de l'habitation depuis cinq siècles. L'exercice, même s'il traite peu du logement des ouvriers et des artisans, permet tout de même de mieux voir le caractère récent de certains principes d'aménagement intérieur et de prendre du recul face à ceux-ci. En effet, dans l'histoire de l'habitat bourgeois que l'auteur nous propose, il faut attendre jusqu'au XIXe siècle pour voir réellement débuter le découpage fonctionnel des pièces, un geste qui sera systématisé au siècle suivant.

On apprend qu'au XVIIe siècle, l'idée d'attribuer une fonction précise aux pièces d'une demeure n'était pas encore entrée dans les mœurs, du moins à Paris. Les salles à manger, telles que nous les connaissons aujourd'hui, n'existaient pas encore. Les tables étaient démontables. Dès la fin du repas, on rangeait la table pour vaquer à d'autres occupations. On mangeait indifféremment dans les quelques pièces de la maison selon l'humeur du moment ou le nombre de convives. La chambre, qui ne contenait rien d'autre qu'un lit, servait très souvent également de lieu de rencontre et de séjour.[88]

À la même époque, dans les demeures des villes hollandaises, aucune pièce ne présentait de fonction particulière, exception faite de la cuisine. Ce n'est que vers le milieu du siècle, dans ce pays, qu'on commença à établir une distinction entre les activités diurnes et nocturnes, officielles et familiales. La pièce qui faisait face à la rue et qui avait servi jusque-là de boutique ou d'atelier, se transformait peu à peu en salon. On installa de plus un petit boudoir à l'étage, tandis que les autres

---

88. Rybczynski (1986).

106

pièces étaient progressivement converties en chambres à coucher.[89]

En France, ce n'est qu'à partir du XVIIIe siècle que la spécialisation des espaces domestiques vint modifier l'aménagement intérieur des demeures : des pièces différentes commencèrent à se voir attribuer des fonctions distinctes. On mangeait dorénavant dans une salle à manger et les visiteurs n'étaient plus reçus dans la chambre à coucher, mais dans un salon. Toutes ces pièces se trouvaient plus petites et plus intimes qu'autrefois, mais certaines parties de la maison revêtaient un caractère encore plus privé que d'autres. On assistait aux premières divisions du logement en zones privées et publiques.[90]

À côté des vastes pièces d'apparat des hôtels de la fin du XVIIIe siècle, des pièces annexes commencent à se multiplier. Celles-ci prennent souvent la forme de petites chambres à coucher situées à côté de la chambre à coucher principale, des garde-robes, des cabinets et des boudoirs. Leurs dimensions, l'ameublement et la décoration ne font que souligner leur caractère plus intime, améliorant significativement le confort des lieux.[91] De même, on a pu observer l'apparition de deux salons : l'un moins cérémonieux que l'autre, répondant à un besoin bien réel, celui d'avoir un endroit où recevoir ; et un autre, où se détendre.[92] En effet, aussi curieux que cela puisse paraître aujourd'hui, le confort du foyer serait une préoccupation relativement nouvelle, vieille à peine de quelques centaines d'années.

Selon l'architecte et théoricien français Jacques-François Blondel[93], il n'y avait à son époque qu'une façon de bien concevoir une maison ; c'était de regrouper les pièces en trois

---

89. Rybczynski, *op. cit.*
90. Rybczynski, *op. cit.*
91. Paravicini (1990).
92. Rybczynski, *op. cit.*
93. Blondel (1771).

catégories: les appartements de parade, les appartements de société et ce qu'il appelait les appartements de commodité. Il faut presque attendre au XIXᵉ siècle pour voir, par exemple, des pièces utilisées seulement pour dormir. On rapporte même qu'il était plutôt mal vu d'y demeurer durant la journée.[94]

Un peu plus tard, mais bien avant les architectes, ce sont les premières féministes issues des milieux bourgeois qui, prônant la simplification des tâches ménagères, se sont trouvées à lutter en même temps pour une conception plus fonctionnelle du logement.[95] À ce titre, il faut rappeler la parution des livres des sœurs Beecher («The American Woman's Home», 1869) et de Christine Frederick, aux États-Unis («The New House Keeping», 1913), ainsi que celui de Paulette Bernège en France («De la méthode ménagère», 1928). Ces ouvrages, dont l'influence fut considérable, préparaient le terrain aux fonctionnalistes du mouvement moderne[96].

C'est du livre de Frederick Witte «Die Rationnelle Haushaltsführung» (le guide d'entretien rationnel de la maison), paru en 1922, que Margarete Schütte-Lihotzky, l'une des premières femmes architectes d'Europe, s'inspira pour concevoir un prototype de cuisine rationnelle. Ce prototype, destiné au logement des ouvriers de Francfort, visait à économiser les déplacements et les mouvements lors d'activités comme la préparation des repas et le lavage de la vaisselle. Reproduit à plus de dix mille exemplaires au cours des années 20, «la cuisine de Francfort» est considérée aujourd'hui en Europe comme étant l'ancêtre de la cuisine moderne.

Les parutions mentionnées précédemment ont contribué à amorcer le débat autour de la fonctionnalité des logements, en soutenant l'idée que ceux-ci n'étaient pas pensés pour faciliter le travail des femmes, à l'intérieur comme à l'extérieur de la

---

94. Paravicini, *op. cit.*
95. Paravicini, *op. cit.*
96. Rousseau (1991).

maison. Dans cette optique, non seulement les sœurs Beecher remettaient en question la relation univoque qu'on a toujours établie entre le confort d'une demeure et sa grande superficie, mais elles prétendaient qu'une maison plus petite, mais davantage fonctionnelle, était plus confortable qu'une maison trop grande et difficile à entretenir.

Au XIXe siècle en France, il faut se rappeler que la baignoire est encore vue comme un meuble mobile et qu'elle ne fait pas nécessairement partie de l'équipement de la maison. Ce n'est qu'avec l'apparition de l'eau courante à domicile et le développement d'un système d'évacuation des eaux usées que la baignoire se sédentarise, «faisant surgir dans les logements bourgeois un espace nouveau qui lui est réservé.»[97] L'introduction de services et d'équipements à domicile, notamment la plomberie et l'électricité, ont diminué de fait la polyvalence des aires du logement. Il était donc tentant, au nom d'une certaine rationalité, devenue par la suite une visée purement économique, de regrouper les équipements dans une seule zone du logement. Cela nous paraît aujourd'hui normal de situer dos à dos la cuisine et la salle de bains, alors que nous n'avons plus besoin du poêle de la cuisine pour faire chauffer l'eau du bain.

C'est avec le fonctionnalisme de l'architecture moderne que la ségrégation des fonctions et des espaces domestiques atteint son apogée. À tel point qu'il est presque impensable aujourd'hui, pour un promoteur résidentiel et un architecte, de prévoir des espaces d'habitation sans fonction spécifique et sans appellation particulière. Chaque espace doit afficher une fonction et ce, souvent au détriment de sa polyvalence et de son adaptabilité, que ce soit aux futurs occupants ou au cycle de vie de la famille.

Pourtant, l'histoire nous apprend que pendant des siècles, il en a été autrement. Bien sûr, les modes de vie actuels exigent

---

97. Paravicini, *op. cit.*, p. 63.

une rationalité de l'aménagement qui passe inévitablement par une certaine fonctionnalité. Mais les anciennes demeures bourgeoises, dont les divisions appartiennent à une autre rationalité, ont tout de même fait preuve de polyvalence, ce qui leur a permis de bien résister aux années. Il n'est pas sûr que les logements modernes et fonctionnels de maintenant pourront aussi bien relever ce défi.

Certains architectes commencent en effet à adopter une position de plus en plus critique face au découpage fonctionnel des aires d'activités du logement. À titre d'exemple, mentionnons les réalisations expérimentales françaises du groupe ABAC à Louviers et de O. Dugas à Orsay[98], qui ont pris audacieusement le parti de ménager dans le logement un ou des espaces pour le «superflu», c'est-à-dire des espaces non déterminés à côté d'endroits très définis (voir figure). Le groupe ABAC propose l'aménagement d'une pièce à l'étage, ouverte sur l'escalier et sur le séjour du rez-de-chaussée. Cet espace est conçu de manière à remplir différents rôles: deuxième séjour, chambre d'invité, pièce de travail, etc. Quant au projet de Dugas, au second niveau, un bureau, une antichambre et une pièce munie d'un accès secondaire se veulent d'abord des espaces polyvalents, appelés à changer rapidement de fonction suivant l'évolution des besoins des occupants.

On ne peut prévoir avec certitude l'évolution d'un ménage. Avec une perception du logement trop axée sur le présent, on hypothèque l'adaptabilité des espaces d'habitation aux besoins futurs. Sans trop se laisser gagner par la nostalgie, peut-être avons-nous beaucoup à apprendre des anciennes demeures, dont la polyvalence des espaces fait, encore aujourd'hui, le bonheur des occupants. En sera-t-il de même dans cinquante ans des logements que nous construisons aujourd'hui?

---

98. Maïtano, Hilda et Arnaud Sompairac (1986).

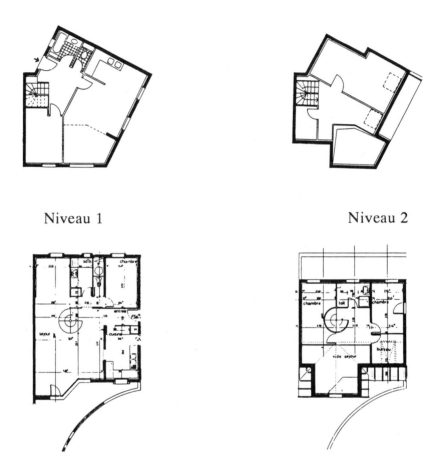

Niveau 1   Niveau 2

Niveau 1   Niveau 2

15. *La création d'espaces d'habitation polyvalents remet en question le découpage fonctionnel qui prévaut depuis des décennies, dans la conception des logements sociaux en France. Les réalisations expérimentales du groupe ABAC (en haut) et de O. Dugas (en bas) incorporent des espaces, dont la fonction reste volontairement ambiguë, afin de permettre aux occupants de les adapter à différents usages.*

L'opposition des espaces

Outre le découpage fonctionnel, l'avènement de la modernité en architecture inscrit dans la conception actuelle des logements toute une série de dichotomies dont on ne songe plus à revoir les fondements. Pensons, par exemple, au développement de la notion de « zone de jour » et de « zone de nuit », qui est appliquée sans discernement, presque machinalement par les concepteurs d'habitations contemporains.

Ce concept a bien sûr sa raison d'être et permet de distinguer les espaces communautaires, plus bruyants, des espaces plus intimes, où les occupants se retirent pour retrouver la tranquillité. L'opposition entre ces deux aires est, pourrait-on dire, une interprétation moderne du besoin déjà présent, nous l'avons vu, aux siècles derniers, de planifier des endroits distincts pour l'apparat et pour l'intimité. L'architecture du XXe siècle s'est simplement chargée de systématiser, peut-être à outrance, une pratique qui existait depuis longtemps : les pièces de nuit étaient regroupées davantage du côté jardin, pour éviter notamment que les bruits de la rue ne viennent troubler le sommeil des occupants. Par ailleurs, les pièces de nuit actuelles disposent souvent d'un éclairage moins abondant ; ce qui sous-entend qu'elles relèvent d'une seule fonction, le sommeil, et qu'elles peuvent difficilement accueillir d'autres activités.

L'idée de « zone de jour » et de « zone de nuit » limite, il va sans dire, la marge de manœuvre des concepteurs et fait du logement un espace « fortement prédéterminé » dans sa distribution.[99] L'opposition jour-nuit repose en partie sur la perception des besoins de la famille traditionnelle. Elle suggère entre autres le voisinage immédiat des pièces d'intimité en regroupant les chambres dans une même zone. Les besoins nouveaux

---

99. Maïtano et Sompairac, *op. cit.*

occasionnés par le développement du travail à domicile et le mode de vie particulier des cohabitants, pour ne nommer que ceux-là, risquent de bouleverser quelque peu ce modèle. Une pièce de travail, aménagée dans une résidence, doit-elle être située dans la zone de jour ou la zone de nuit? Elle doit à la fois disposer d'un éclairage naturel et se trouver à l'abri des bruits de la salle de séjour. Voilà qui complique assurément le design intérieur...

Dans le cas des cohabitants, la chambre à coucher sera, comme autrefois, appelée à jouer plusieurs rôles. L'utilisation de cette pièce sera plus intensive, servant à la fois de lieu de repos, de travail et parfois de séjour. Dans ce nouveau contexte, les pièces du logement devront faire preuve d'une plus grande polyvalence.

Il est intéressant de remarquer à ce chapitre le constat de Maïtano et Sompairac, voulant que la conception des logements tenus en propriété ait plus tendance à suivre des modèles de distribution des espaces (jour-nuit, entrée-cuisine-séjour...) que dans le cas des logements locatifs. Selon eux, les unités d'habitation en accession à la propriété s'inscrivent davantage dans une dynamique de marché et les exigences de la commercialisation créent une tendance pour se conformer à des standards de distribution. Le secteur locatif en France serait plus porteur d'innovations concernant l'intérieur du logement, certains maîtres d'ouvrage étant prêts à prendre des risques esthétiques plus importants.[100]

Une autre dichotomie que le XXe siècle a également systématisée démarque les espaces «servants», tels que la cuisine et la salle de bains, et les espaces «servis», comme les chambres et le séjour. Les premiers, dotés d'équipements, sont conçus pour desservir les autres pièces dont les fonctions sont plus accessoires. Le concepteur, en principe, établit une nette distinction entre ces deux types d'aires qui sont perçus, à tort

---

100. Maïtano et Sompairac, *op. cit.*

ou à raison, comme complémentaires et foncièrement différents.

Cette division de l'espace s'est fixée définitivement avec l'avènement de l'eau courante dans les maisons et avait, entre autres fondements, la rationalisation des pièces d'eau, mais surtout la séparation claire des espaces ayant des fonctions différentes. L'organisation rationnelle du travail domestique préconisait, par exemple, le rapprochement de la cuisine et de la salle à manger.[101] Jusqu'à la Première Guerre mondiale, la salle de bains devait se situer non loin de la cuisine, afin de faciliter le transport de l'eau qu'on faisait chauffer sur le poêle. La salle de bains se trouvait donc plus ou moins éloignée des chambres à coucher, mais c'était au premier chef pour des raisons pratiques.

Si, dans certains cas, la séparation des aires « servantes » et des aires « servies » relève du simple bon sens, il faut convenir qu'elle semble artificielle dans d'autres. En effet, le coût de quelques mètres de tuyauterie additionnelle paraît presque dérisoire, en comparaison des avantages que peuvent tirer bien des ménages d'un simple lavabo dans la chambre à coucher, surtout lorsque ceux-ci comportent des adolescents ou des personnes sans lien de parenté.

D'autres oppositions marquent également la conception des logements d'aujourd'hui. Ainsi en est-il de la division des espaces entre les parents et les enfants : la chambre parentale est isolée, traitée avec un soin particulier dans l'aménagement, et d'autant plus fermée que les enfants sont grands. Lorsqu'ils sont petits, leurs chambres sont généralement situées à proximité de celle des parents, et elles s'en éloignent lorsqu'ils grandissent, de façon à assurer les besoins d'intimité de chacun.[102]

---

101. Paravicini, *op. cit.*
102. Blanc, Vasselon et Bellet, *op. cit.*

114

La chambre, dans la perception moderne du logement, est un lieu figé, peu utilisé. Blanc, Vasselon et Bellet attirent l'attention sur les utilisations informelles que font les enfants et les adultes de la chambre à coucher. Alors que pour les adultes, il s'agit d'un lieu très intime (déshabillage, sommeil, amour) utilisé comme pièce de nuit, les enfants, eux, s'en servent surtout comme pièce de jour (devoirs et leçons, jeux, bricolage, rencontres avec des camarades). Pourtant, dans sa conception, la chambre des enfants demeure une pièce de nuit, sans égard à leurs besoins particuliers.

Il est clair que les enfants utilisent leur chambre de façon beaucoup plus variée et intensive que les adultes. Pour cette raison, le design des chambres d'enfants devrait suivre un pattern fort différent de celui des chambres parentales, ce qui ne se vérifie pas toujours dans la manière dont les logements sont construits de nos jours. La chambre des maîtres, comme on la nomme fréquemment, se caractérise par une superficie plus importante. Quant aux enfants, ils ne disposent le plus souvent que d'une petite chambre. En principe, l'enfant aurait aussi besoin d'une grande chambre, parce qu'il y vit réellement.

Devant ce problème, on a suggéré une solution assez originale : installer deux lits d'enfants dans une petite chambre ouverte sur une autre chambre, d'ordinaire plus grande, destinée au jeu et au travail.[103] On pourrait également créer une pièce d'enfants plus grande, dotée d'une cloison amovible qui la divise en une partie diurne et une autre nocturne. Un subterfuge semblable a été utilisé par Le Corbusier pour l'Unité d'habitation de Marseille : réunies, deux petites chambres partagent une aire centrale dégagée pour le jeu (illustration à la figure 17, chapitre 8).

Enfin, l'éloignement physique de la chambre des enfants d'âge préscolaire de la zone d'activité des adultes pendant le jour serait à éviter. Les logements sur deux niveaux, dont les

---

103. Eleb-Vidal, Châtelet et Mandoul, *op. cit.*

chambres occupent l'étage supérieur, se prêtent mal à l'emploi des chambres d'enfants pour le jeu durant le jour. Les parents éprouvent souvent des difficultés à effectuer une supervision efficace. Comme le soulignent à juste titre Climento Johnson, Shack et Oster:

> «The bedroom is generally away from the main living area of the home, and therefore, is removed from the mainstream of adult daily activity within the home. Preschool children prefer and need to play within close contact of their adult caregivers — the bedroom does not provide an opportunity for such contact.»[104]

Conséquemment, il faut convenir que l'élaboration du logement contemporain aurait avantage à s'éloigner des modèles auxquels la «tradition» architecturale du XXe siècle nous a habitués. La nécessité d'identifier des fonctions trop précises pour chaque pièce de la maison laisse peu de place à l'indétermination, pourtant rendue indispensable pour mieux absorber les transformations qu'un ménage connaîtra tout au long de son cycle de vie. De même, la division systématique du logement en espaces ayant des rôles opposés semble faire partie d'une époque à présent révolue. Plusieurs de ces principes sont évidemment fondés, mais leur application, disons-nous, devrait se faire avec discernement, en conjonction avec les besoins réels et quotidiens des occupants. Il faudrait surtout éviter que ces règles, relativement nouvelles dans l'histoire de l'habitation, ne soit élevées au rang de dogmes et viennent s'ériger en obstacles devant l'innovation.

Plusieurs alternatives qui résoudraient des problèmes de logement commandent à l'architecte de passer outre ces principes ou de n'en retenir que l'essentiel. Comment l'architecte peut-il répondre à la relative complexité des ménages, lorsque sa démarche est dictée par des principes aussi abstraits, réducteurs et loin de la réalité des occupants?

---

104. Climento Johnson, Shack et Oster (1980), p. 48.

7

DÉMOCRATISATION DU CONFORT ET CONSÉQUENCES SUR LE LOGEMENT

Le développement industriel a contribué à hausser la qualité générale des logements pour le bénéfice d'une grande partie de la population. La construction résidentielle inclut aujourd'hui un nombre impressionnant de composantes industrialisées, standardisées, qui influencent jusqu'à un certain point l'aspect des habitations.

D'autre part, de nouveaux équipements et appareils de communication sont entrés dans les foyers et participent à la hausse du confort. Mais qu'en est-il de l'impact réel de ces éléments sur la forme du logement et la vie de ses habitants?

Technologies, habitat et modes de vie

La vie domestique a grandement été facilitée par l'arrivée de nouveaux services dans les résidences. L'aqueduc, l'égout et l'électricité ont modifié profondément la qualité de vie dans les logements. Conséquence de l'arrivée de ces nouveaux services, des équipements tels que l'évier, la baignoire, les toilettes, les comptoirs, les armoires et les appareils électroménagers sont venus s'y greffer.

Encore à l'heure actuelle, la cuisine et la salle de bains sont deux espaces qui subissent constamment l'avancement de la technologie. Dans la cuisine, la robinetterie est plus pratique qu'autrefois, les surfaces sont plus résistantes et faciles à entretenir, le four à micro-ondes permet d'économiser du temps et les électro-ménagers consomment moins d'énergie. Deux questions viennent donc à l'esprit. La première est de savoir si la technologie influence de manière significative la forme du logement. Et dans un deuxième temps : quel est l'impact de la technologie sur l'évolution des modes de vie ?

La pièce regroupant les installations sanitaires est apparue dans nos maisons à partir du dernier quart du XIXᵉ siècle, bien que l'architecte Calvert Vaux de New-York ait proposé l'idée du water-closet dans les années 1850[105]. Rybczynski affirme que la salle de bains s'est constituée autour d'appareils destinés à l'hygiène personnelle au moment où est arrivée l'eau chauffée par un réservoir. Cela aurait permis de diminuer la surface de la chambre à coucher et aurait fait disparaître du même coup la salle d'habillage, deux espaces où les gens faisaient habituellement leur toilette.[106]

Le logement existant s'avère tout de même perméable à l'évolution technologique, notamment lorsqu'elle prend la forme d'équipements et de services. Cette observation présente une quelconque analogie avec la théorie de Habraken, qui fait du logement un support sur lequel se greffent des composantes industrialisées. Bien que ces composantes ne soient pas de vraies « unités détachables » et mobiles au sens de ce dernier, les équipements sont les premiers éléments à être modifiés ou

---

105. Varin (1991).
106. Rybczynski, *op. cit.*

remplacés, lors de travaux d'adaptation du logement à un niveau de confort plus élevé pour les usagers. C'est le cas de l'addition d'un circuit électrique pour l'installation du lave-vaisselle, ou du remplacement du chauffe-eau par un autre de plus grande capacité. Dans cet exemple, le service d'électricité n'est pas un fait nouveau; ce sont les équipements de plus en plus perfectionnés qui font toute la différence.

De même, les autres composantes du bâtiment, comme les portes, les fenêtres et les cloisons, sont des assemblages de produits industrialisés qui s'intègrent à la structure du bâtiment. Mais il n'y a pas si longtemps encore, les armoires et les fenêtres étaient fabriquées sur place par un menuisier; les cloisons intérieures étaient recouvertes d'un lattis de bois et comportaient plusieurs couches de finition au plâtre. Aujourd'hui, une grande part des composantes du logement est manufacturée selon des normes de dimensions et de qualité préétablies. On parle alors d'un système de construction «ouvert», parce que les composantes industrialisées peuvent être combinées à d'autres procédés de construction courants.

La construction à ossature de bois est le système ouvert le plus répandu en Amérique du Nord, dans la construction de petits bâtiments résidentiels. Elle s'adapte à n'importe quel type de portes et de fenêtres. Les murs et les planchers se composent de montants et de solives de bois espacés entre eux; il est donc relativement facile pour les ouvriers de percer les cloisons et d'y passer fils et tuyaux, si l'on compare ce procédé à la construction en maçonnerie et aux difficultés qu'elle pose.

Les poutres et colonnes constituent des systèmes ouverts qui offrent encore plus de possibilités d'adaptations majeures. Étant donné que les cloisons ne sont pas porteuses, les transformations à l'intérieur du volume bâti et l'agrandissement vers l'extérieur peuvent se faire plus aisément.

Les systèmes ouverts offrent la plupart du temps une souplesse supérieure aux systèmes dits «fermés». Ces systèmes sont ainsi appelés parce qu'ils répondent à des règles de conception et de construction qui leur sont propres. Plusieurs systèmes fermés s'avèrent en fait très contraignants pour l'adaptation spatiale des logements. Par exemple, les modules et les panneaux de béton préfabriqués limitent l'envergure des changements. Les dimensions de l'espace intérieur sont déterminées par celles des boîtes ou par la portée entre les murs de refend. Le choix des portes, fenêtres et équipements est aussi restreint, du fait que les composantes du bâtiment doivent correspondre aux caractéristiques spéciales des modules et des panneaux de béton, ce qui n'est pas le cas de systèmes ouverts tels que la construction à ossature de bois ou les systèmes de poutres et colonnes.

Voilà donc quelques observations qui établissent un lien non équivoque entre l'évolution technologique, les méthodes de construction et l'organisation des espaces du logement. Et qu'en est-il du comportement des habitants?

Les premiers appareils de communication ont été porteurs d'espoir pour la modification de l'espace habitable. Il était cependant prématuré de croire que le téléphone, la radio et la télévision suffiraient à eux seuls pour influencer le schéma des logements. L'idée que la télévision deviendrait le point central de la vie familiale, comme le faisaient jadis le foyer et la table, est tombée en désuétude lorsque les chaînes de télé se sont multipliées et que le coût d'un deuxième appareil est devenu abordable. De même, l'installation de prises de téléphone dans plusieurs pièces de la maison a rendu inutile la prévision d'un espace spécial pour effectuer les appels.

Le progrès rapide des outils de communication permet néanmoins d'entrevoir une transformation de l'habitat, notamment en ce qui concerne le travail à domicile. Peut-être assistons-nous à la création d'une nouvelle aire encore mal définie. On décèle, parmi les solutions des participants au Programme Architecture Nouvelle de 1987, la nécessité de définir une place pour les outils de communication dans le logement: télé-local, alcôve de communication, télé-paroi, cloison médiatique. Voilà autant de tentatives pour cerner l'antinomie d'un nouvel espace qui oscille entre la détente et le travail. La prolifération des appareils audio-visuels et informatiques semble se rapprocher d'un point critique où il faudra repenser l'espace du logement en conséquence.

Pour certains, le développement des instruments de communication remet en question la notion de logement comme lieu de fixation géographique. La nouvelle génération d'appareils accroît l'autonomie des individus par rapport à l'espace et au temps. Par exemple, il n'est plus nécessaire d'être fixé au domicile pour communiquer à l'aide du téléphone sans fil. Le service de transfert d'appels permet de rejoindre quelqu'un «chez lui» sans que l'interlocuteur ne sache où il se trouve en réalité. L'enregistrement pré-programmé d'une émission de télé avec le magnétoscope libère l'individu de la contrainte du temps, en lui laissant le choix de visionner à un autre moment. Le répondeur téléphonique avec interrogation à distance rend possible, à la fois, l'absence de la maison et la communication différée. D'ailleurs, en matière de téléphonie, il semble que la tendance aille vers des numéros de téléphone de plus en plus personnalisés, l'abonné pouvant être rejoint partout où il se trouve, à condition d'avoir programmé au préalable son numéro sur l'appareil téléphonique le plus près. À la limite, le domicile peut être un lieu fictif où seule l'adresse téléphonique suffit[107].

Il reste que la formation d'un nouvel espace ne peut se concrétiser, sans l'expression d'un véritable besoin. Jusqu'à présent, les technologies de communication semblent avoir eu plus d'effets sur le comportement des individus que sur l'organisation spatiale du logement. Il est par exemple plus facile de vivre seul aujourd'hui sans se sentir tout à fait isolé, grâce au trio téléphone-radio-télévision. De même, il a fallu une masse critique d'appareils électro-ménagers pour que les tâches domestiques soient facilitées au point où les deux conjoints envi-

---

107. De Gournay (1992).

sagent de travailler à l'extérieur. La cuisine subsiste toujours dans sa forme primitive, c'est-à-dire de lieu où l'on prépare les aliments, mais les cuisiniers, eux, ne sont plus les mêmes.

Sans nul doute, la première génération d'outils de communication a préservé un réseau de relations sociales indispensables pour les personnes seules à l'intérieur du logement. De son côté, l'accroissement constant d'équipements et de services a grandement facilité la vie domestique. Il n'y a qu'un pas à franchir pour affirmer que le développement technologique a eu un impact sur la fragmentation de la famille et sur l'émergence de nouveaux modes de vie, plus axés sur la vie individuelle. À l'inverse, l'évolution des habitudes de vie des ménages a probablement suscité des circonstances favorables à l'avancement technologique en créant une demande de produits et d'équipements.

On pourrait résumer ce qui précède en disant que la technologie influence les modes de vie et qu'à leur tour, ceux-ci encouragent le perfectionnement de technologies résidentielles mieux adaptées aux besoins nouveaux des ménages. L'impact du progrès technologique sur les habitudes de vie est plus manifeste qu'il ne peut l'être sur la forme et l'organisation des espaces du logement. Nous savons, par exemple, qu'il existe des méthodes de construction plus aptes que d'autres à se conformer aux besoins changeants des ménages, mais rien n'indique toutefois que l'industrialisation croissante d'une multitude d'objets et de composantes du bâtiment soit mise à profit pour augmenter la flexibilité des habitations.

La standardisation des logements

Avec l'industrialisation des composantes du bâtiment, les fabricants ont adopté des normes de dimensions et de qualité dans le but de rendre les produits compatibles entre eux. Ainsi, le concepteur dessine les ouvertures d'un bâtiment projeté en tenant compte des dimensions et des formes de portes et de fenêtres qui sont offertes sur le marché. Malgré leur grande variété, les produits qui entrent dans la construction des logements possèdent des caractéristiques passablement uniformes, qui agissent sur l'espace habitable.

Certains produits normalisés ont un impact plus important que d'autres sur la forme du logement. La production industrielle des feuilles de gypse, après la Deuxième guerre mondiale, a déterminé la hauteur des plafonds de la plupart des nouveaux logements. L'abaissement des plafonds à une hauteur de 2,5 mètres a eu pour conséquence une diminution du volume habitable par rapport aux anciens logements.

Il n'était pas rare autrefois que la hauteur des pièces des logements ouvriers atteigne trois mètres. Cette dimension n'était pas consacrée et variait d'une maison à l'autre. La hauteur plus généreuse des plafonds était loin d'être un caprice car elle était plutôt définie par l'usage. Les fenêtres étaient hautes et les portes extérieures fréquemment surmontées d'une imposte ouvrante. Cela fournissait un apport supplémentaire d'air et de lumière. Outre l'éclairage et la ventilation, l'espace en hauteur était récupéré pour le rangement dans les armoires et les garde-robes, ainsi que pour le passage des tuyaux de la fournaise.

L'industrialisation des composantes n'est pas le seul facteur ayant conduit à la standardisation des logements. Avec l'implication de l'État dans le domaine du logement social, les normes arrêtées par les pouvoirs publics ont établi des seuils minimum de qualité. La normalisation a constitué, selon Ursula Paravicini, un moyen de contrôle additionnel sur la forme du logement:

La définition de normes par les pouvoirs publics concrétise la volonté de mieux contrôler la qualité architecturale et de construction tout en imposant un prix de revient maximum, et d'œuvrer à la rationalisation des règles de conception et de construction[108].

Bien que les codes et les règlements de construction aient pour but premier d'assurer la sécurité des occupants dans les bâtiments, les normes qu'ils contiennent touchent directement à la conception des espaces d'habitation. En déterminant les moyens d'atteindre cette sécurité, les normes laissent souvent peu de jeu au concepteur.

Il en est ainsi de la réutilisation de la hauteur dans les anciens bâtiments scolaires à Montréal. La conversion des hautes salles de classe en logements s'est souvent butée à l'intransigeance de la réglementation du bâtiment, lorsqu'il s'agissait d'aménager des espaces en mezzanine. Le Code national du bâtiment du Canada exige en effet une hauteur libre d'au moins 2,1 mètres au-dessus et au-dessous de la mezzanine. D'emblée, cela élimine toute possibilité d'aménager une mezzanine dans une pièce ayant moins de 4,2 mètres de hauteur.

Il en est de même pour l'espace en mezzanine dans le prototype de maisonnette créé par l'architecte MacDonald à San Francisco. Malgré sa grande popularité auprès de ses utilisateurs, cet espace est non conforme à la norme de hauteur précitée. À cela, il faut ajouter la non conformité de l'accès, qui s'effectue par une échelle au lieu d'un escalier. La surface de la mezzanine, à peine équivalente à celle d'un grand matelas, est trop petite pour être considérée comme une aire habitable. Pourtant, lorsqu'elle est employée comme espace de sommeil, elle ne diffère pas tellement du concept de lits superposés munis d'une échelle. Autrement dit, les normes interdisent de fixer dans une construction solide et permanente ce que le mobilier permet d'obtenir sans difficulté!

---

108. Paravicini, *op. cit.*, p. 114.

L'usage tridimensionnel de l'espace habitable, notent les observateurs, est un facteur important de l'adaptation des logements aux jeunes enfants[109]. Des lits superposés, une aire de jeux sous les combles, une niche visuelle sont des aménagements qui plaisent aux enfants et qui contribuent au développement de leur motricité. Par contre, la normalisation qui accompagne l'évolution constante du niveau de confort semble aller exactement dans le sens contraire de l'utilisation de la hauteur dans les logements.

L'accessibilité dite « universelle », qui consiste à éliminer tous les obstacles physiques dans le bâtiment, fait son chemin, au point où l'on songe à réviser les normes en vue de réaliser toutes les nouvelles habitations en fonction de ce principe. La conception des bâtiments sans obstacle s'avère, certes, un bienfait pour les personnes atteintes d'un handicap physique et les personnes âgées. Mais en ramenant au plus simple dénominateur commun un problème vécu par un groupe de la population, on risque de perdre en variété et en qualité spatiale d'un côté, ce que l'on gagne en accessibilité de l'autre.

La démocratisation du confort a-t-elle banalisé l'espace du logement? Un regard sur le parc de logements existants tend à confirmer que l'évolution du logement moyen se dirige vers une horizontalité et un aplanissement de l'espace de plus en plus marqués. Le bungalow des années cinquante et soixante est un modèle d'habitation financièrement accessible, qui a posé un jalon important dans cette tendance. D'autres modèles, comme la maison à demi-niveau (split-level), se sont ensuite quelque peu démarqués de la monotonie du bungalow. L'augmentation du coût des terrains aidant, les développements résidentiels des années quatre-vingt ont reconnu un peu plus la valeur de l'usage tridimensionnel de l'espace habitable; par ailleurs, on offre à une clientèle plus fortunée des pièces dont les plafonds sont plus hauts que la norme, ainsi que des loge-

---

109. Climento Johnson, Shack et Oster, *op. cit.*

125

ments sur deux étages. La modulation de l'espace est devenue un luxe accessible aux mieux nantis.

Les modes de financement des projets d'habitation ont également une part de responsabilité dans la standardisation de l'espace habitable. L'application de règles de conception uniformes à un grand nombre de logements garantit la qualité minimale des logements, auprès des administrations publiques et des créanciers. Cependant, l'impact de ces règles sur la forme du logement n'est pas le même dans chacun des cas. Une institution bancaire finance par exemple la construction d'un projet résidentiel en tenant compte de la valeur marchande de l'immeuble, sans pour autant exercer de discrimination systématique sur le type de logements projetés. Mais pour l'habitation sociale, c'est une autre histoire : les fonds publics sont alloués spécifiquement à la construction de *logements* et en fonction de la *taille* de ces derniers.

La signification du mot logement correspond souvent à la définition stricte d'un groupe de pièces où l'on prépare des repas, mange et dort et qui comporte une installation sanitaire[110]. À cette vision fonctionnaliste du logement, qui s'apparente à la «machine à habiter», s'ajoute celle de leur taille. Or, il arrive aussi que le budget de construction d'une unité de logement social varie selon sa grandeur et que cette grandeur soit déterminée par le nombre de chambres à coucher que l'unité contient. Les autres genres de solutions qui ne correspondent pas à ces définitions et qui pourraient être adaptés aux besoins des résidents sont alors exclus. Les logements réunissables, les chambres indépendantes pour adolescents, l'alcôve pour le sommeil et l'agrandissement par le transfert d'une pièce voisine ne cadrent pas avec la définition traditionnelle du logement qui comporte une ou plusieurs chambres à coucher.

On s'accorde communément pour dire que les normes de conception et de construction des logements prennent pour

---

110. Code national du bâtiment (1990).

126

modèle les besoins de la famille traditionnelle. Mindel soutient pour sa part que le système normatif nord-américain est nettement orienté, depuis longtemps, vers l'indépendance de la famille nucléaire dans le logement[111]. Ce système excluerait les sortes de logements demandant des arrangements spéciaux tels que la cohabitation multigénérationnelle.

L'imposition d'exigences strictes de qualité minimale concourt à uniformiser l'architecture domestique. L'augmentation du niveau de confort résidentiel s'est ainsi accompagnée en contrepartie d'un appauvrissement de la qualité spatiale moyenne des logements. Cette perte s'observe surtout dans l'effacement graduel des possibilités d'aménagement en hauteur. Le processus de création des logements se fait avant tout en plan : le logement occupe un étage, la hauteur des plafonds est normalisée, les variations de niveaux des planchers et des plafonds sont perçues de plus en plus comme des obstacles à éliminer. Le travail de l'architecte ressemble à un découpage de plateaux en pièces. Des détails qui personnalisent l'espace, le rendent modulable et intéressant, disparaissent malheureusement du vocabulaire du concepteur, au nom de la sécurité et du confort.

Au moment où les besoins des ménages se transforment et où l'on assiste à l'émergence de nouveaux modes de vie, la conception des logements mérite plus que jamais qu'on lui ouvre de nouvelles voies. Les contraintes normatives liées à la production et au financement de l'habitation devront de toute façon, un jour ou l'autre, être examinées dans le cadre d'un assouplissement général de la réglementation actuelle et d'une révision en profondeur du sens du mot logement. Nous y reviendrons au dernier chapitre.

---

111. Mindel, *op. cit.*

Troisième partie :

LE LOGEMENT ADAPTÉ AUX BESOINS CHANGEANTS DES OCCUPANTS

Le ménage contemporain s'est considérablement éloigné du modèle d'évolution qui caractérisait, il y a à peine quelques décennies, la famille traditionnelle. Devant ce phénomène nouveau, beaucoup ont parlé d'éclatement de la famille. Cet abus de langage nous a malheureusement fait croire que la famille était une institution vouée à la disparition. Tel n'est pas le cas, cependant. En effet, ce n'est pas la famille qui se meurt, mais le modèle unique qui vole en éclats, cédant le pas à une évolution plus complexe ainsi qu'à l'apparition de modes de vie et de besoins diversifiés. Le phénomène est particulièrement frappant en milieu urbain où, notamment, la proportion de familles monoparentales bat tous les records.

Dès lors, on doit évidemment conclure que la standardisation à outrance des logements n'a plus sa place, s'il faut croire qu'elle en a déjà eu une. Le pavillon de banlieue, si populaire depuis les années cinquante et soixante en Amérique du Nord, doit maintenant faire place à de nouvelles formes d'habitations, mieux adaptées au contexte urbain actuel. Au-delà des modes passagères qui rendent attrayantes, par exemple, les salles de bains spacieuses et les cuisines au design quelquefois étonnant, il faut éviter de perdre de vue les besoins véritables des occupants. Les locataires ou les propriétaires de logements sont bien sûr des consommateurs d'espaces, susceptibles d'être séduits par un produit souvent alléchant par son emballage, mais il faut les voir d'abord et avant tout comme des utilisateurs de ces espaces, avec lesquels ils devront vivre et composer pendant des années. Durant cette période, parfois courte il est vrai, le logement devra faire preuve de suffisamment de souplesse pour s'adapter aux différentes exigences du cycle de vie des occupants.

Les changements socio-démographiques et la pléiade de besoins nouveaux qui les accompagne appelleront, à notre avis, trois types de solutions.

D'abord, il faudra prévoir une organisation plus souple de l'espace domestique. Concevoir des logements sur mesures qui correspondraient aux besoins particuliers de clientèles spécifiques mènerait droit au cul-de-sac. En effet, comment un logement pensé pour les besoins du moment pourrait-il s'adapter à la venue d'un enfant ou au retour éventuel d'un jeune adulte au foyer parental? Les concepteurs de logements devront s'atteler à la tâche pour créer des espaces capables de s'adapter aisément à l'évolution des besoins d'un ménage. Parmi ces solutions, certaines existent depuis longtemps. Ainsi, les aires doubles et les espaces non déterminés pouvant accueillir une variété de fonctions domestiques ont fait la preuve de leur utilité. Avec l'avènement du travail à domicile, les concepteurs devront également prévoir des espaces facilement transformables en pièces de travail. Tout devra être mis en œuvre pour allouer une polyvalence aux espaces, autant dans les systèmes structuraux que dans la présence d'espaces libres non finis pouvant être récupérés comme surface habitable, le moment venu.

Deuxièmement, parmi les nouveaux modes de vie, on note l'émergence de nouveaux modes de cohabitation; ce qui devrait, s'il faut en croire les tendances, amener les concepteurs à définir de nouvelles divisions entre les espaces intimes et les espaces communs d'un logement. En effet, la sphère intime des individus varie considérablement selon le cycle de vie d'un ménage. Une famille avec de jeunes enfants s'accommodera davantage de la promiscuité qu'une famille comportant des adolescents. D'où la nécessité de prévoir certains aménagements physiques, tels que des accès multiples, des chambres-séjours ou même quelques équipements sanitaires individualisés.

Enfin, les pages qui suivent se penchent également sur le cadre réglementaire qui assujettit toute construction domiciliaire. Le code du bâtiment et les règlements de construction en vigueur, en prévoyant des normes destinées à protéger les citoyens, les empêchent du même coup d'avoir accès à nombre d'options architecturales pouvant se révéler autant de solutions innovatrices susceptibles de répondre à des besoins nouveaux. En outre, il est malheureux que les concepteurs de logements, souvent préoccupés par les aspects techniques et très spécialisés du logement, aient perdu ce lien simple et privilégié avec le client. Une certaine vision globale, croyons-nous, fait défaut à beaucoup de professionnels de l'aménagement, trop soucieux du rendement et de la pression exercée par ceux qui contrôlent la commande architecturale. Est-il possible, de nos jours, d'accorder une place à l'innovation et à la participation des usagers au processus de design, tout en respectant les impératifs de notre société de production ?

8

UNE ORGANISATION PLUS SOUPLE DE L'ESPACE DOMESTIQUE

Le cadre de conception actuel veut que tout logement dispose d'espaces bien définis ayant une seule fonction, un seul usage. En laissant peu de place à l'indétermination, les concepteurs privent pourtant le logement d'une capacité d'adaptation au changement. Quand une chambre à coucher a été trop parfaitement pensée pour le sommeil, on limite par le fait même ses possibilités de devenir une aire de séjour, une pièce de travail ou une salle de jeux pour les enfants. De même, cette chambre à coucher, souvent spacieuse, restera le plus souvent inutilisée durant le jour. Dans le cas de la chambre d'enfants, elle sera désertée le matin venu, au profit du séjour ou de la cuisine, qui sont moins isolés et dont les fenêtres, plus basses, permettent aux enfants de jeter à l'occasion un coup d'œil dehors.

Il faut donc créer des aires polyvalentes par leur nature, qui se façonnent au gré des besoins. Ce faisant, un piège attend tout de même les concepteurs, celui de créer des espaces mornes, indifférenciés et sans atmosphère. Les expériences de logements à cloisons flexibles en Europe ont démontré les insuffisances d'une architecture sans caractère. On a voulu donner aux occupants la possibilité d'inventer et de créer leur propre demeure. Mais devant des espaces à inventer, les habitants de ces logements expérimentaux ont eu tendance à répéter à peu de chose près les modèles qu'ils connaissaient, laissant le problème entier. Il ressort de ces expériences que les habitants ne peuvent se substituer totalement au concepteur, ce qui ne veut pas dire pour autant que leur apport n'est pas précieux lors du travail de l'architecte. Bien au contraire. C'est par la fermeté de l'architecture, et non par sa rigidité, que s'exprime la liberté des occupants. Il revient donc aux concepteurs de faire preuve d'audace et de tenir compte des besoins présents et futurs des occupants.

Les aires doubles

Avant de parler de nouveaux espaces, peut-être serait-il instructif de regarder certaines formules ayant passé avec succès l'épreuve du temps. Les fameux salons doubles des demeures montréalaises, ouvrières ou bourgeoises, permettaient aisément de subdiviser le logement et de créer des chambres additionnelles, surtout lorsque que ces pièces étaient munies d'une porte d'arche ou de cloisons vitrées et amovibles. Même lorsque ces pièces doubles ne sont pas fermées, elles donnent à l'occupant la possibilité d'aménager, à l'aide d'un écran quelconque (paravent, rideau, store, étagère et autres objets mobiles), deux espaces distincts par leur fonction (voir figure). Tandis que la partie la moins éclairée peut facilement être métamorphosée en espace de nuit avec lit, table de chevet et commode de rangement, la partie avant, située du côté de la fenêtre, peut servir de pièce diurne, soit comme séjour pour lire, regarder la télévision, recevoir des visites ou comme espace de travail. On a longtemps sous-estimé le potentiel des pièces doubles en contre-jour des anciens logements montréalais qui, étroits de façade, économisaient l'espace sur rue. Ils se trouvaient bien adaptés aux besoins changeants des familles ouvrières locataires, parfois très nombreuses, qui avaient alors choisi d'élire domicile dans les quartiers plus denses de la ville.

On a vu que les demeures bourgeoises du XIXe siècle disposaient très souvent d'aires doubles, entre autres pour le séjour et la salle à manger. Par exemple, un des deux salons avait une fonction d'apparat et l'autre présentait un caractère plus intime et plus compatible avec les activités quotidiennes de ses résidents. Avec la venue de nouveaux besoins en matière d'habitation, la pertinence de recréer des aires doubles, mais dans un cadre plus contemporain, refait surface.

Le principe des pièces doubles a d'ailleurs intéressé les architectes modernes tel Le Corbusier. Rappelons que dans l'Unité d'habitation de Marseille, il avait conçu une vaste chambre à coucher de 3,60 m de largeur pouvant se subdiviser en deux chambres d'enfants de 1,80 m de largeur chacune. La séparation se faisait à l'aide d'un tableau-cloison coulissant (voir figure).

Le passage, chez les petits, de l'enfance à l'adolescence crée des besoins nouveaux d'intimité. En effet, combien d'adolescents souhaiteraient disposer de leurs propres quartiers au sein de la demeure familiale, que ce soit pour recevoir des amis, écouter de la musique ou même se retirer dans la solitude pour un moment. Quant aux parents, devant l'affirmation grandissante de leurs enfants, ils éprouvent de plus en plus le besoin de jouir d'un oasis de calme, ne serait-ce que pour échapper au vacarme d'une musique qui n'adoucit pas toujours les mœurs...

Pierre Teasdale et Martin Wexler, dans leur étude[112], ont d'ailleurs observé un besoin chez plusieurs familles de disposer d'une salle de séjour formelle, surtout à l'usage des adultes,

---

112. Teasdale et Wexler, *op. cit.*

16. *Les salons doubles des logements montréalais offrent une souplesse d'utilisation remarquable. L'encadrement de l'ouverture entre les deux pièces facilite la subdivision de cet espace avec des moyens simples.*

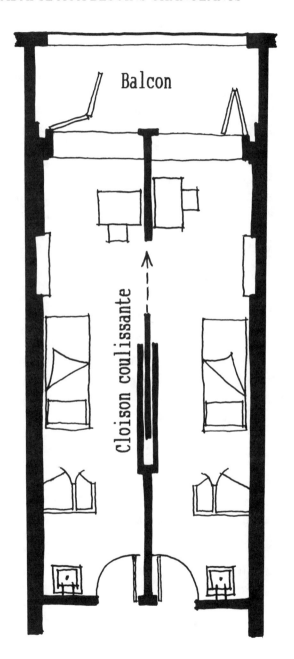

17. *Chambre double conçue en 1952 par Le Corbusier, dans l'Unité d'habitation de Marseille. La cloison mobile permet, durant le jour, d'ouvrir les deux pièces et de s'en servir comme aire de jeux pour les enfants.*

ainsi que d'une salle de séjour informelle, bien adaptée aux activités plus bruyantes et plus décontractées des adolescents. L'aménagement des sous-sols dans les maisons individuelles constitue une réponse à ce besoin. La salle de séjour formelle, située à l'étage et meublée de mobilier récent, est toujours propre et à l'ordre et représente une sorte de salon officiel pour recevoir des invités tout en servant de salle de séjour pour les parents. Quant aux adolescents, il s'approprient souvent et facilement un sous-sol arrangé avec simplicité. Il serait donc pertinent de prévoir de telles aires doubles, non seulement dans les maisons individuelles avec sous-sol, mais également dans les logements des milieux urbains plus denses.

Les aires de débordement

Le sous-sol, comme d'autres espaces tels le grenier ou le garage, sert de débouché à une gamme importante de fonctions qui n'arrivent pas à trouver place ailleurs dans le logement. Cette aire de débordement, comme on pourrait l'appeler, s'utilise à la fois comme espace de rangement, atelier de travail, buanderie, salle de jeux pour les enfants et ce, moyennant quelques rudimentaires aménagements. Cet espace permet de libérer une surface habitable supplémentaire pour le logement, donnant ainsi plus de souplesse au ménage pour faire face à ses besoins. L'espace gagné améliore de ce fait la qualité de vie des résidents.

Dans nos maisons d'autrefois, la cuisine d'été, comme on la nommait alors, se prêtait admirablement aux changements d'usage et permettait un certain nomadisme au gré des saisons. Avec les années, celle-ci a cédé la place à d'autres espaces qui se veulent autant de prolongements du logement : serres, vérandas, terrasses, loggias. Ces espaces permettent de faire varier le centre d'attraction du logement avec l'évolution des saisons et de l'ensoleillement. Par exemple, l'hiver encourage une utilisation plus intensive du salon, perçu comme un espace douillet et chaleureux, tandis que l'été, les occupants sont portés à vivre dans la cuisine, si celle-ci donne sur une véranda, un patio ou un jardin. Les repas se prennent souvent sur la terrasse ou même sur le balcon, s'il dispose d'une grandeur suffisante. Durant la saison estivale, la vie est tournée vers l'extérieur, d'où les avantages que procurent ces aires de débordement, essentiels à la qualité de vie. On n'a qu'à prendre pour preuve de cet intérêt l'engouement récent des acheteurs de logements en copropriété pour les balcons-terrasses et même les toits-terrasses.

La vogue des aires ouvertes et des lofts semi-aménagés a contribué à reléguer aux oubliettes tous les espaces qu'on disait perdus tels les recoins, les niches, les alcôves et autres retraits ou enfoncements du mur. Moins faciles à entretenir, nuisibles au dégagement de la vue, ces quelques reproches ont fait oublié les qualités de ces petits espaces. En plus de fournir une certaine intimité que n'autorise pas la simple pièce carrée ou rectangulaire, les alcôves et les niches améliorent parfois grandement la polyvalence d'un espace, tout en lui conférant un cachet indéniable. Ces recoins, plus ou moins cachés, permettent à un espace donné de jouer une multitude de rôles. Une pièce en forme de «L», par exemple, peut fournir l'occasion de meubler différemment la même pièce et ainsi lui conférer deux styles, deux identités. Cet avantage se retrouve également dans le cas des salons doubles des duplex et triplex de Montréal, dont nous avons déjà parlé, à l'intérieur desquels les occupants font même coexister deux fonctions parfois très différentes, comme une salle à manger et un petit salon. La configuration de ces pièces trace une ligne imaginaire qui sépare efficacement les deux usages tout en conservant un vaste espace ouvert. Les architectes du XVIIIe siècle avaient compris l'intérêt, du point de vue du confort et de l'intimité, que pouvait présenter les lits en alcôve. Ce mot, qui provient de l'arabe, signifie d'ailleurs «petite chambre». Placer un lit dans une alcôve augmente le potentiel de la pièce durant le jour, que ce soit pour en faire une salle de lecture ou une pièce de séjour complémentaire. Plusieurs propriétaires ou locataires montréalais ont transformé l'encoignure où se trouvait autrefois la fournaise à charbon, pour en faire un espace de rangement des plus pratiques. Il n'est donc pas sûr que la pièce carrée qu'on retrouve dans nombre de logements neufs procure aux résidents les meilleures possibilités d'agencement. Comme l'a dit avant nous Mildred Schmertz, «...the more you get away from or can vary the rectangular room by putting corners and odd little spaces to use, the more you are providing the ability to carry on different sorts of functions...»[113]

La pièce «en plus»

Dans un cadre de conception marqué par la fonctionnalité et la rationalisation de l'espace domestique, plusieurs architectes font presque figure d'hérétiques en proposant la création d'un nouvel espace sans affectation précise, qu'ils appellent tout simplement la «pièce en plus». Cette pièce, dont la détermination de l'usage est complètement laissée à l'initiative des occupants, offre aux habitants des choix d'aménagement tout à fait différents de ceux de leurs prédécesseurs.

La possibilité d'annexer cet espace à un autre peut donner une impression de liberté et de nouveauté dans le logement. De nombreuses expériences de ce type ont montré que dans ce cas,

---

113. Schmertz, Mildred, in: Keller, *op. cit.*, p. 199.

l'impression d'avoir le choix compte plus que l'utilisation réelle de cet espace. Ainsi, des concepteurs ont pensé associer à certaines pièces des «espaces annexes servants», permettant à la fois d'agrandir ces pièces, de les requalifier et même de les rendre multi-fonctionnelles[114] (voir figure). Avec la popularité grandissante du travail à domicile, par exemple, il faut convenir que l'espace consacré auparavant à la vie domestique se trouve singulièrement diminué. Dans ce contexte, la «pièce en plus» joue un peu le rôle d'une soupape. Elle accorde aux résidents une marge de manœuvre les aidant à faire face à cette nouvelle réalité, menaçante pour l'équilibre du foyer.

Toutefois, malgré ces avantages, c'est l'usage indéterminé de cette pièce qui la rend intéressante aux yeux des occupants. Disponible, propice aux changements, elle se définit d'abord par sa souplesse. Elle permet aux résidents d'entretenir un rêve d'aménagement futur dont un couple se nourrit et prend plaisir à discuter.

Le logement agrandissable («give and take»)

Jusqu'ici, il faut convenir que nous avons surtout traité de souplesse et de polyvalence des espaces intérieurs. Il arrive toutefois que des changements importants au sein d'une famille exigent davantage qu'un simple réaménagement des lieux. Des besoins nouveaux amènent fréquemment les ménages à considérer l'hypothèse d'un agrandissement de la demeure familiale, que ce soit par la construction d'une annexe au sol, l'ajout d'un étage ou la récupération d'un logement adjacent. Certains types de constructions, comme les maisons individuelles et les

---

114. Eleb-Vidal, Châtelet et Mandoul, *op. cit.*

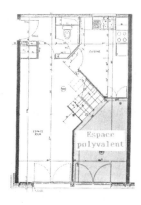 

Niveau 1   Niveau 2

18. *Prévision d'espace «en plus», dans les logements de l'opération «La Dentellière», à l'Isle-d'Abeau, près de Lyon. Les architectes du groupe Arche 5 ont pris le parti de relier les deux étages de chaque logement, à mi-niveau, par un espace polyvalent de 6 à 8 m^2. L'espace peut servir de pièce annexe pour les chambres, de prolongement du séjour ou à d'autres fonctions. Ce projet d'habitation sociale s'est inscrit dans le cadre du programme expérimental Habitat 88 (Maître d'ouvrage: OPAC de l'Isère, Grenoble).*

immeubles à logements de type plex, se prêtent mieux que d'autres à de tels ajustements. Le schéma suivant illustre les diverses possibilités offertes par ce dernier type de logements, selon les remaniements qui risquent de survenir tout au long de la vie d'un ménage.

Mais que faire de toute cette surface quand surviendront d'autres changements, lorsque les jeunes quitteront la maison, par exemple? L'idéal, en fait, serait que le logement puisse croître et décroître au gré de l'évolution des besoins domestiques. Science-fiction, direz-vous? Oui et non. Les notions d'adaptation de l'espace et de complémentarité des besoins ont été réunies dans un projet réalisé à Calais, en France, dans le cadre du programme expérimental Habitat 88. Voici le contexte.

Prévoyant accéder à la propriété dans un avenir rapproché, de jeunes ménages se trouvaient confrontés à l'impossibilité de dénicher sur le marché immobilier des logements qui convenaient à leurs moyens financiers et à leurs besoins d'espaces anticipés, résultant de la croissance de la famille. D'autre part, certains autres ménages, plus âgés et possédant un logement devenu trop grand, se voyaient contraints de déménager. L'architecte et son client, une société sans but lucratif, ont donc proposé de résoudre ces problèmes en jumelant des logements, offerts en accession à la propriété et en location. La formule imaginée fut la suivante. Le ménage âgé loue de l'espace au plus jeune, les logements ayant la particularité d'être réunis, séparés, agrandis ou réduits à même l'espace du voisin, sans l'intervention de professionnels. Ces changements s'effectuent par le blocage ou l'ouverture du passage qui communique avec l'espace supplémentaire dont pourrait avoir besoin le jeune ménage (voir figure). Ce genre de projet, que les Américains nomment « give and take », soulève évidemment la difficulté de jumeler des résidents ayant des besoins complémentaires et qui, en outre, doivent coïncider au même moment.

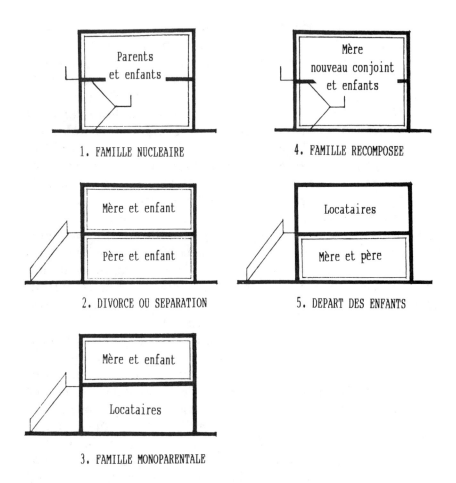

1. FAMILLE NUCLEAIRE

4. FAMILLE RECOMPOSEE

2. DIVORCE OU SEPARATION

5. DEPART DES ENFANTS

3. FAMILLE MONOPARENTALE

19. *Réductions et agrandissements successifs d'un logement dans un immeuble en duplex, au cours du cycle de vie d'un ménage, d'après McCamant et Durrett (1988).*

Dans le projet de Tinggarden, au Danemark, des portes relient également des pièces situées entre deux logements, leur conférant ainsi une flexibilité plus grande. Étant donné que les portes peuvent être ouvertes ou refermées, une attention particulière doit être portée à l'acoustique entre les logements.

Aussi, le projet lauréat de H. Krokaert, de Belgique, lors du concours de l'Europan en 1989, a été conçu dans le même esprit. Il consiste en logements disposés en bande et que l'on peut agrandir à même l'espace voisin.[115] Les modules, presque autonomes spatialement, alternent selon qu'ils contiennent ou non des équipements. Ils peuvent aussi suivre une division jour-nuit (voir figure).

La limite de la flexibilité est bien sûr d'ordre financier et social. Le coût se trouve néanmoins compensé à la longue par le maintien des résidents dans le même logement, ce qui permet d'éviter les frais associés au déménagement. D'autre part, on sait que pour réaliser un échange entre résidents, il importe d'être en présence de besoins complémentaires.

La flexibilité se heurte également à des obstacles légaux et normatifs. À titre d'exemple, on pourrait citer une expérience de ce genre, menée il y a quelques années par un particulier dans la région de Montréal, au cours de laquelle il connut moult tracasseries administratives pour l'obtention d'un permis de modification. Le litige, mettant aux prises le propriétaire de l'immeuble avec l'administration municipale, portait uniquement sur la dimension de la porte qui sépare les deux logements.[116] Comme quoi un simple grain de sable dans l'engrenage, en l'occurrence un règlement municipal de construction, peut mettre en péril la réalisation d'un projet qui s'éloigne des modèles conventionnels.

Le logement agrandissable est une formule d'habitation encore à l'état embryonnaire. Malgré les problèmes de mise en

---

115. Rebois (1989).
116. Habitabec, 24 mars 1989.

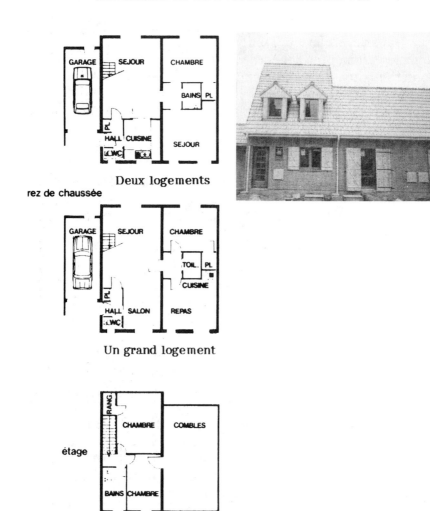

Deux logements

rez de chaussée

Un grand logement

étage

20. *Logements agrandissables de la résidence Argentine, à Calais, en France. L'ouverture et la fermeture des passages entre deux logements permet d'agrandir ou de réduire leur surface habitable à tout moment. Les transformations sont effectuées par les résidents, à l'aide de cloisons montées sur vérins (architecte: Kulesza; reproduit avec l'autorisation de la Société d'HLM du Pas-de-Calais et du Nord, maître d'ouvrage du projet).*

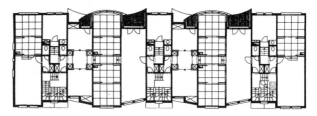

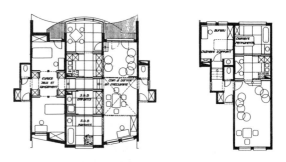

21. *Le projet de H. Krokaert, au concours de l'EuroPAN, exploite le thème du logement agrandissable. Le plan se compose de modules qui communiquent au milieu, par une ouverture leur permettant d'ajouter ou de retrancher de l'espace habitable au besoin (en haut). Les plans illustrés présentent diverses configurations possibles: un logement familial, où les chambres des enfants sont pourvues d'un accès indépendant (au centre à gauche), un petit logement (au centre à droite) et un logement agrandi par l'adjonction de pièces autonomes (en bas).*

(Extrait de l'ouvrage «EuroPAN 89: Modes de vie, Architectures du logement», Éditions Régirex-France, Paris).

œuvre que rencontrent les rares essais de ce type, ces derniers recèlent un potentiel intéressant de réponses aux besoins variables d'espaces des ménages, compte tenu des faibles ressources financières mises à contribution. En ce sens, on gagnerait à explorer de nouvelles avenues débouchant sur des aires d'habitation aisément transformables.

L'espace libre non fini

Le logement acquiert beaucoup de flexibilité lorsqu'il contient des espaces libres non finis, que les occupants peuvent aménager à leur guise lorsque le besoin s'en fait sentir. Les exemples les plus connus demeurent encore les sous-sols et les garages, mais certains concepts, telle la maison dite «évolutive» de Friedman et Rybczynski, reprennent cette idée. Le deuxième étage de cette habitation était au départ un vaste espace ouvert pouvant être subdivisé ultérieurement par les occupants, à mesure que ceux-ci en auraient les moyens. Le logement pouvait donc s'ajuster à l'évolution du ménage. Toutefois, les promoteurs privés qui ont repris l'idée pour leurs projets d'habitations ont décidé, jusqu'à maintenant, de subdiviser cet étage en chambres. Les maisons construites n'ont donc conservé d'évolutives que le nom. Aussi, contrairement au concept initial, on a décloisonné l'espace cuisine-séjour du rez-de-chaussée. Il semble que les usagers préfèrent des chambres individuelles déjà divisées et l'impression d'espace que procure une aire de séjour dégagée, surtout dans une maison à surface réduite.

Teasdale et Wexler ont identifié des conditions maximisant l'ajustement des espaces libres aux besoins changeants des ménages. D'abord, il importe d'assurer la séparation de ces espaces des autres aires d'activités, que ce soit en terme d'éloignement, d'acoustique ou de symbolique. Un accès direct de l'extérieur à cet espace ou qui évite aux occupants de passer à travers le logement permet d'augmenter son potentiel d'utilisation. Comme son appellation le signale, cet espace doit également avoir un niveau de finition inférieur au reste du logement, de façon à favoriser une appropriation plus personnalisée. Non identifié à une fonction précise, il est également moins associé à un individu, donc susceptible de faire l'objet de négociations plus aisées de la part des différents membres de la famille. Cet espace atteint son vrai potentiel lorsque que tous les membres du ménage le perçoivent comme disponible pour tous.

La structure, les systèmes constructifs et l'emplacement des équipements fixes, comme la cuisine ou les sanitaires, ont un impact important sur la multiplicité des options d'aménagement. Teasdale et Wexler proposent d'ailleurs que les espaces et systèmes immuables tels que les escaliers, les salles de mécanique, les salles de bains, les cheminées et les colonnes de plomberie soient regroupés dans une même zone, afin de simplifier l'aménagement de nouvelles pièces. Selon eux, il devrait y avoir un minimum de cloisons porteuses et de colonnes; celles-ci limitent en effet les aménagements éventuels. Des poutres à plus grande portée rendent possible la démolition d'un ou plusieurs murs, minimisant l'impact sur la structure du bâtiment. De même, la charpente et les cloisons devraient pouvoir être perforées facilement et ce, sans affecter l'intégrité de la structure de la bâtisse.

McCamant et Durrett privilégient le système de poutres et poteaux pour la construction de logements adaptables. Dans le projet de Saettedamen, au Danemark, ce système de construction a été utilisé et la presque totalité des 27 maisons construites ont été modifiées au cours des 13 premières années et cela, sans affecter l'intégrité de la structure.[117]

---

117. McCamant et Durrett, *op. cit.*

Ce dernier exemple démontre l'esprit d'ingéniosité des occupants d'un logement qui imaginent sans cesse de nouveaux aménagements conformes à l'évolution de leurs besoins, si ce logement leur en offre la possibilité. Les habitants préfèrent grandement demeurer dans le même logement, lorsque celui-ci présente un potentiel intéressant et une souplesse face aux transformations à venir.

9

VIVRE ENSEMBLE MAIS SÉPARÉMENT

La souplesse architecturale ne peut garantir à elle seule l'adaptation du logement aux besoins changeants des ménages et aux modes de vie nouveaux. Si tel était le cas, la réflexion actuelle sur le logement ne se démarquerait guère de celle du mouvement fonctionnaliste moderne, qui encouragea la flexibilité, sans penser que la poursuite de l'expérience dépendait de l'accueil favorable ou défavorable des résidents. Le logement ne constitue plus une cellule ou une «machine à habiter», comme le disait Le Corbusier, mais un lieu où s'exercent des rapports entre individus. Une architecture sensible aux exigences des ménages doit donc également tenir compte du comportement des individus et des relations qu'ils entretiennent avec l'espace qui les entoure.

Les pratiques de l'aménagement ont considérablement été modifiées par l'apport des sciences humaines. Elles ont ajouté en quelque sorte une dimension jusque-là oubliée, celle du rapport complexe et quasi imperceptible des individus avec leur environnement. Suite à certains travaux comme ceux d'Edward T. Hall[118], on obtint la certitude qu'il s'établit des distances

---

118. Hall (1971).

physiques entre individus, selon les rapports qu'ils ont. La perception variable de la sphère intime selon les personnes se trouve désormais au cœur du problème de l'adaptation du logement.

La redéfinition des liens familiaux et l'émergence de modes de vie plus axés sur l'individualité amènent à repenser les divisions entre l'espace public et l'espace privé dans une demeure. Un nouveau contrat tacite s'établit entre les occupants sur la base de l'équilibre fragile du respect de l'intimité de chacun et du partage de certains espaces voués à la socialisation. En d'autres mots, pour que la vie domestique fonctionne, l'organisation de l'espace doit non seulement aider les activités qui s'y déroulent, mais aussi prendre en compte le genre de liens qui existe entre individus vivant sous le même toit.

Les quelques solutions d'aménagement résidentiel présentées dans cette section reflètent différentes facettes de l'équilibre entre l'espace privé et l'espace public. De la chambre-séjour pour adolescents à la disposition d'un lit en alcôve pour de jeunes enfants, ces exemples donnent une dimension humaine à l'adaptation des logements.

Accès individualisés et pièces indépendantes annexées au logement principal

Les multiples portes d'accès d'une demeure permettent aux individus qui composent un ménage d'affirmer concrètement leur désir d'autonomie, tout en maintenant l'unité résidentielle. Les allées et venues des personnes échappent au contrôle parfois gênant des autres occupants présents dans les aires communes.

Les étapes du cycle de vie familial s'accompagnent de périodes où les individus éprouvent le besoin de mener une vie plus ou moins autonome par rapport au reste du groupe. Ce besoin augmente rapidement durant les années d'adolescence. Une décohabitation prématurée peut se produire lorsque le logement ne peut s'adapter à cette situation, à cause de l'absence d'espace individuel suffisamment grand ou d'accès distinct. À l'inverse, une organisation de l'espace respectueuse de la vie privée peut améliorer la cohabitation des jeunes adultes et de leurs parents et même favoriser une cohabitation multigénérationnelle avec des parents âgés.

Lorsqu'à d'autres périodes du cycle de vie du ménage les besoins en espace diminuent, des accès supplémentaires indépendants rendent possible la location d'une partie du logement. La multiplicité des accès, soulignent les analystes des propositions du Programme Architecture Nouvelle de 1987 (PAN), «peut laisser supposer un retour à une longue tradition: la location d'une ou plusieurs pièces du logement en fonction des besoins de l'habitant»[119]. Un logement peut donc s'ajuster aux transformations familiales grâce aux accès supplémentaires.

La multiplicité des accès rend le logement familial approprié pour d'autres types de ménages: jeunes travailleurs, étudiants, personnes à faibles revenus qui ont choisi de cohabiter dans un but économique. L'opération inverse devrait aussi être praticable, comme l'adaptation du logement à une famille avec de jeunes enfants, en condamnant certains des accès. Plusieurs entrées pourraient en effet paraître superflues, surtout si elles posent un problème pour la surveillance des enfants.

L'aménagement d'une aire de travail à la maison peut se révéler d'autant plus profitable lorsqu'elle comporte un accès distinct. Une pièce fermée et fenêtrée, sans affectation particulière et munie d'un accès direct à l'extérieur offre une grande souplesse d'utilisation. Cette pièce pourra s'avérer très utile

---

119. Eleb-Vidal, Châtelet et Mandoul, *op. cit.*, p. 112.

dans le cas d'un travail à domicile amenant des contacts fréquents avec des gens de l'extérieur, voire une clientèle régulière (exemples: couturière, consultant, comptable, avocat, agent immobilier). Dans ce cas, l'accès supplémentaire évite aux visiteurs de trop interférer dans la vie privée des autres occupants du logement.

La conciliation de la vie familiale et du travail à la maison a été le thème favori des participants au concours «L'Art de vivre en ville», organisé par la Ville de Montréal en 1991[120]. Bien que la plupart des suggestions comportent un accès principal distinct de celui de l'aire de travail, le lien entre cet espace et le reste du logement est traité de façons variées.

Certaines propositions privilégient un lien direct avec le logement, alors que d'autres favorisent une séparation complète du travail et de la vie domestique. Ainsi, Suzanne Gagnon, en collaboration avec l'architecte Georges Lagacé, propose l'ouverture volontaire du bureau sur l'espace de séjour par des portes doubles (voir figure). La jonction partielle des aires publique et privée s'effectue aux heures les plus propices: le salon et la cuisine servent d'espace aux réunions de travail, lorsque les autres membres de la famille sont absents et, à l'inverse, le bureau s'ouvre aux occupations familiales quand la besogne est terminée.

Dans une autre proposition, les architectes de la firme Dunlop Farrow de Toronto situent les aires d'habitation et les aires de travail de part et d'autre du corridor commun de l'immeuble (voir figure). Cette disposition crée un certain éloignement physique qui peut, par exemple, être rendu nécessaire à cause d'une activité bruyante. Le corridor public installe

---

120. Ce concours national d'architecture visait la recherche de nouvelles solutions de logement pour les familles dans les quartiers centraux de Montréal. Organisé par la Ville de Montréal, il s'est adjoint la participation de la Société canadienne d'hypothèques et de logement et de la Société d'habitation du Québec.

plan type

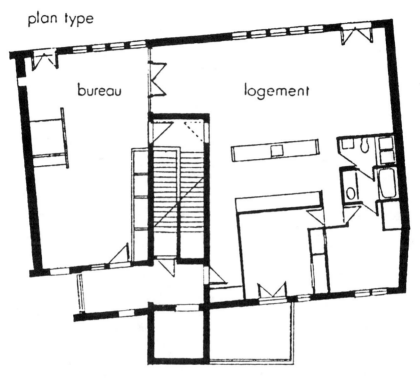

22. *Interpénétration volontaire de l'aire de travail et de l'aire du logement, dans la proposition de Suzanne Gagnon et Georges Lagacé, au concours «L'Art de vivre en ville». Les portes doubles constituent un dispositif souple, afin de faire varier la relation entre le séjour et le bureau. L'accès au bureau peut aussi s'effectuer par l'extérieur.*

aussi une distance psychologiquement désirable par rapport au reste du logement : le bureau ou l'atelier peut, à la limite, se situer à l'autre bout de l'immeuble ou être loué à un étranger. Le corridor se substitue, d'une certaine façon, à l'anonymat recherché de la rue.

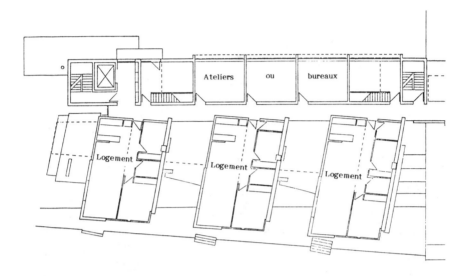

23. *Séparation nette de l'aire de travail et de l'aire d'habitation, dans la solution soumise par les architectes Dunlop Farrow de Toronto, au concours «L'Art de vivre en ville». La limitation des contacts sociaux engendrés par le travail à domicile rendrait-elle l'éloignement du bureau préférable par rapport à son intégration complète dans le logement?*

Entre l'interpénétration et la rupture des aires de travail et de logement, plusieurs solutions intermédiaires ont été explorées par les concurrents de «L'Art de vivre en ville». La localisation du bureau à un autre niveau que celui du logement constitue par exemple un moyen efficace pour limiter les interférences entre les deux sphères d'activités. Les accès sont aussi parfois traités subtilement : le projet de l'architecte Kit Wallace de Londres, réalisé en collaboration avec Alice Liang et Mark Bunting, soumet une alternative à la communication directe du bureau avec l'extérieur, en créant une entrée secondaire commune avec celle du logement (voir figure). Un espace-tampon formé d'un corridor, d'une penderie et d'un cabinet d'aisances se situe stratégiquement à l'entrée du logement de façon à servir aux utilisateurs du bureau et aux occupants.

La tendance à l'individualisation des accès transparaît dans l'évolution du logement ouvrier. Dans son histoire du logement social en France, Jean-Paul Flamand remarque que les plans sont « conçus dans la pensée d'éviter toute occasion de se rencontrer entre locataires »[121]. À Montréal, les multiples escaliers et portes extérieures des immeubles en « plex » procurent une certaine autonomie en comparaison des logements construits aux époques antérieures (voir figure). Il peut paraître étrange, à première vue, que les résidents des duplex et des triplex tissent un réseau d'entraide et de relations sociales presqu'inégalé en milieu urbain dense. Comme quoi l'indépendance entre voisins est nécessaire pour « vivre ensemble mais séparément ».

En fait, bon nombre de ménages résidant dans un duplex ou un triplex possèdent des liens de parenté. Un modèle assez répandu veut que des parents, propriétaires et résidents d'un immeuble, louent un des logements au fils, à la fille, à la mère, etc. La loi au Québec est même ajustée à cette réalité : elle autorise le propriétaire à reprendre possession d'un des logements de l'immeuble pour le bénéfice d'un membre de sa famille immédiate. Ce phénomène se retrouve surtout dans le parc de logements existants, puisque la typologie des immeubles construits après la Deuxième guerre abandonna les accès individualisés au profit d'une entrée commune et impersonnelle. De plus, la conversion d'anciens duplex et triplex en copropriétés divises tend à faire disparaître ce lien convivial qui pouvait exister entre les membres d'une famille occupant le même immeuble.

À l'échelle de l'unité d'habitation du ménage, les accès extérieurs remettent en question le concept de logement comme entité résidentielle autonome. S'agit-il d'un logement à plusieurs entrées, d'un regroupement de pièces indépendantes, d'un logement incorporé à un autre ou d'un logement supplémentaire autonome ?

---

121. Flamand, *op. cit.*, p. 129.

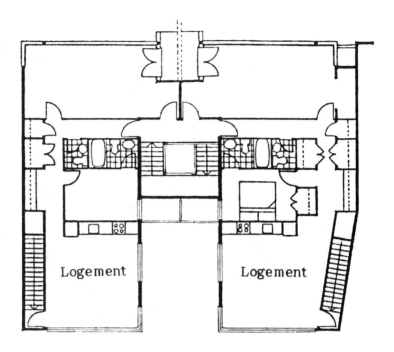

24. *Utilisation de l'aire de circulation à l'intérieur du logement, dans le but de diminuer les interférences posssibles entre les activités professionnelles et la vie privée du logis. Dans cette solution de l'architecte Kit Wallace, présentée au concours «L'Art de vivre en ville», le bureau, malgré qu'il soit doté d'un accès indépendant de l'extérieur, garde une relation privilégiée avec la sphère domestique. Le corridor et les services, à l'entrée du logement, forment un espace-tampon qui l'isole habilement du reste de la maison. (En collaboration avec Alice Liang et Mark Bunting, Londres).*

25. *Les duplex et triplex que l'on retrouve à Montréal, dans les quartiers construits avant la guerre, disposent pour la plupart d'accès individuels. Les nombreux balcons et escaliers extérieurs procurent aux résidents une relation privilégiée avec la rue.*

Le projet lauréat de H. Krokaert, au concours EuroPAN de 1989, s'appuie sur la multiplicité des accès pour transformer l'espace habitable. Le plan du logement que nous avons déjà illustré précédemment se compose de plusieurs bandes de modules réguliers. Un accès supplémentaire se situe à la limite stratégique de deux modules, de façon à ce que l'un d'eux puisse devenir autonome par rapport au reste du logement. L'un de ces modules est occupé par une grande pièce double traversée en son centre par une aire de circulation, menant soit à l'extérieur, soit à la partie commune du logement. L'aire de circulation centrale forme un espace-tampon utile à la subdivision de la grande pièce en deux chambres séparées, à l'aménagement d'un bureau ou d'un studio.

Dans ce schème de logement évolutif, les transformations s'effectuent selon les changements de la structure familiale. Ainsi, ont peut combler un besoin accru d'espace en aménageant une annexe au logement, à l'endroit pourvu d'un accès supplémentaire. Utilisé comme chambre d'amis ou atelier, cet espace peut être rendu autonome en le faisant communiquer directement avec l'extérieur; un hall d'entrée, auquel s'adjoignent un placard et un cabinet d'aisances, crée une transition entre le logement principal et la partie autonome. La communication peut être coupée du reste de la maison de façon à ce que la partie annexe englobe le hall et ses dépendances, ce qui rend cette partie encore plus autonome par rapport au logement principal.

Nous avons déjà mentionné l'expérience des chambres indépendantes de Bondebjerget au Danemark ainsi que la manière, courante chez nous, d'aménager le sous-sol d'une résidence en lui procurant un accès direct à l'extérieur. Ces solutions préconisent l'adaptation du logement aux besoins d'espace croissants des familles, notamment celles avec des adolescents ou de jeunes adultes.

Un volet du concours « L'Art de vivre en ville », portant spécifiquement sur le logement des familles avec adolescents, a montré la variété des solutions possibles. Parmi ces propositions, le quartier des adolescents occupe souvent un étage différent de celui des adultes. Mais certains concurrents ont plutôt choisi d'effectuer cette distinction sur le même étage : le projet de A. Architecture, suggère un espace étroit à côté du logement principal, pouvant aussi servir de logement supplémentaire (voir figure). La communication entre le quartier des adultes et celui des enfants s'établit à l'aide d'un espace central de circulation menant aux aires de services partagées.

Une autre soumission au concours, celle du Groupe Langevin Architecture et Urbanisme, traite différemment l'idée d'autonomie des enfants. Elle accorde à ces derniers une unité de chambres et séjour dont le volume est presque indépendant du corps principal de la maison. Les deux parties de l'ensemble ne sont reliées que par un étroit passage aménagé à l'étage supérieur (voir figure). Malgré la distance physique qui sépare la maisonnette du bâtiment principal, l'autonomie des enfants se trouve limitée par la nécessité de prendre leurs repas avec les parents. Cette typologie d'habitation donne donc l'impression d'une plus grande indépendance mais le passage aérien entre les deux bâtiments rappelle, tel un cordon ombilical, le lien qui subsiste entre l'adulte et l'enfant.

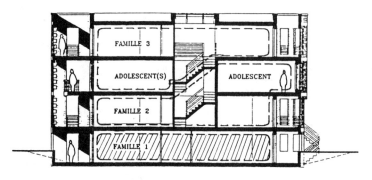

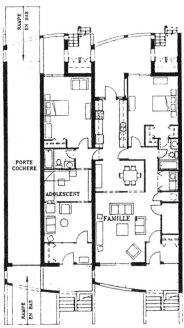

26. *Les logements conçus pour les familles avec adolescents ou de jeunes adultes partagent souvent l'espace habitable sur différents niveaux. Le projet de A. Architecture de Montréal au concours «L'Art de vivre en ville», tente de varier cette solution en aménageant, dans l'un des logements, le quartier des adolescents au même niveau que celui des parents.*

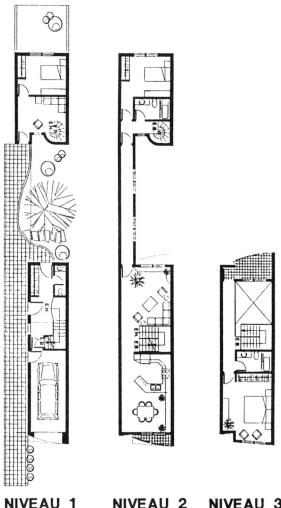

NIVEAU 1   NIVEAU 2   NIVEAU 3

27. *Traitement de l'autonomie des adolescents, dans la proposition du Groupe Langevin Architecture et Urbanisme de Montréal présentée au concours «L'Art de vivre en ville». Le pavillon à l'arrière comprend les chambres et le séjour des enfants. Il peut également être transformé en logement supplémentaire autonome.*

Si l'espace habitable répond aux besoins d'intimité ou de socialisation des occupants, il ne correspond pas nécessairement à la définition traditionnelle du logement. D'autres projets d'habitation, axés sur divers types de ménages, privilégient les chambres indépendantes annexées au logement ou qui communiquent sur un espace commun. Les pièces indépendantes donnant sur un espace commun conviennent particulièrement aux individus sans lien de parenté, tels que les jeunes travailleurs, les étudiants et autres personnes disposant de revenus modestes et qui ont choisi de cohabiter. Les exemples suivants démontrent le degré d'autonomie volontaire et variable qu'offrent ces solutions.

Un projet de logements pour étudiants réalisé dans la ville de Lille, en France, comprend des chambres possédant chacune un accès individuel. En outre, celles-ci communiquent directement avec une aire de service partagée. L'aire commune dessert deux chambres, mais offre également la possibilité de n'en desservir qu'une. La partie commune se compose d'un séjour, d'un coin-cuisine, d'un coin-repas, d'une salle de bains et d'un cabinet d'aisances. La forme rectangulaire des chambres se prête à l'aménagement d'un coin-travail, dans la partie qui reçoit le plus d'éclairage naturel, et d'une aire de sommeil à l'autre bout (voir figure).

Ce type d'unité résidentielle présente trois analogies avec les idées précédentes :
1. la forme allongée de la pièce individuelle ;
2. les dimensions de cette pièce, qui sont supérieures à la moyenne ;
3. la position, au centre du mur, du point de communication (porte) entre la pièce individuelle et l'aire commune, ce qui a pour effet d'accentuer la subdivision de l'espace en deux aires d'activités.

Cette forme d'habitat, appelée «studiantine» par ses auteurs, prête à différentes transformations. Dans un premier temps, une personne peut décider de n'occuper qu'une chambre

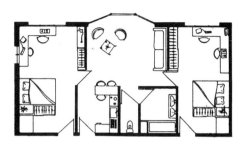

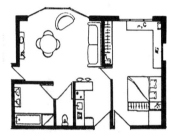

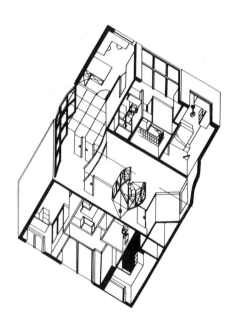

(Reproduit avec l'autorisation de
HLM Au jour d'hui, Paris).

28. *Logements d'étudiants à Lille.
Les «studiantines» sont constituées de deux chambres indépendantes possédant chacune leur entrée. Elles partagent une aire commune formée d'un séjour, d'une cuisine et des équipements de la salle de bains (en haut). D'autres combinaisons sont aussi possibles: une chambre peut former un logement complet, en s'adjoignant toute l'aire de service (au centre) ou, encore, s'en détacher pour former une chambre autonome donnant sur le hall commun (en bas).
Conception: Atelier d'art et d'architecture
Client: École supérieure de commerce de Lille
Maître d'ouvrage: SAHLM Logis Métropole, Lille.*

individuelle, ou «studette», et désirer, dans un deuxième temps, bénéficier de l'aire de service commune. De plus, le rattachement d'une chambre et d'une aire de service peut former un petit logement complet et autonome, accommodant parfaitement un jeune couple aux études.

La souplesse des studiantines est tout à fait appropriée aux besoins changeants et à la mobilité qu'exige la vie d'étudiant. Le projet de Lille a été conçu suite à une consultation auprès de 500 étudiants sur leurs besoins en logement. Les réponses aux questionnaires et les discussions issues des tables rondes ont engendré ce concept qui s'inspire des «kots» de Belgique, sorte de maisons de chambres offertes en location. Cependant, le problème de la définition des logements s'est posé lorsqu'est venu le temps de financer le projet et de demander des subventions de l'État pour le réaliser. La difficulté de définir en quoi correspondait une unité de logement a amené la décision d'octroyer un financement pour 90 logements alors que le projet comptait en réalité 123 unités de base (studettes).

Une proposition au concours du PAN, en 1987, montre des caractéristiques similaires au projet de Lille. Le logement, prévu pour la cohabitation de deux personnes, rassemble deux chambres individuelles de part et d'autre de l'aire commune (voir figure). Ces chambres communiquent directement avec le corridor de l'immeuble. Un axe de circulation traverse le centre de l'aire commune et la partage en deux: la cuisine et les appareils sanitaires se regroupent au fond, tandis que l'usage de la partie longeant le mur extérieur reste indéterminé, suggérant une aire de repas et de séjour.

Pour ce plan, Lauvergeat et Nabères ont choisi de traiter les accès de façon moins ambiguë que dans les studiantines de Lille. Les cohabitants doivent obligatoirement pénétrer à l'intérieur du logement par leur pièce privée respective. La transition entre l'intimité de la pièce individuelle et le corridor de l'immeuble se fait par un dégagement qui forme un petit hall d'entrée personnel. Cet espace est séparé de l'aire de sommeil

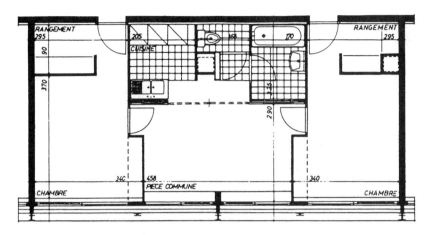

29. *Proposition de logement pour cohabitants de Lauvergeat et Nabères, au concours du Programme Architecture Nouvelle. Les cohabitants accèdent au logement par les pièces individuelles, situées de part et d'autre de l'aire commune. Cette organisation remet ainsi en question le bien-fondé de la division jour-nuit et le rôle traditionnellement accessoire des chambres.* (extrait de «Penser l'Habité», © Pierre Mardaga, Liège, I.S.B.N. 2-87009-360-8).

grâce à une cloison de rangement, qui sert autant de séparation visuelle que de division acoustique.

En comparaison, les studiantines de Lille comportent une entrée supplémentaire au logement, qui permet de pénétrer directement par l'aire commune (la cuisine). Cet accès peut néanmoins paraître superflu, à cause d'entrées individuelles dans chaque chambre. En effet, la présence de plusieurs accès rapprochés les uns des autres rend difficile la lecture extérieure de l'unité résidentielle (À quelle porte s'adresser?) et affaiblit le sentiment de sécurité des occupants (A-t-on verrouillé toutes les portes? Qui est dans l'autre pièce?)

Les accès individualisés et les chambres indépendantes annexées au logement principal fournissent des solutions d'habitation intéressantes, compte tenu des transformations familiales et des comportements axés sur la vie individuelle. La dimension supérieure de la chambre individuelle s'avère un élément essentiel au déroulement d'activités autres que le sommeil. La «chambre de nuit» se transforme donc en «chambre de jour», pour travailler ou recevoir des amis en toute tranquillité. L'espace supplémentaire juxtaposé à la chambre traditionnelle rappelle en ce sens l'anti-chambre ou le boudoir des anciennes demeures. Toutefois, dans les exemples cités plus haut, la surface de la chambre individuelle est rarement assez grande pour se substituer à l'aire commune du logement, ce qui fait dire à Monique Eleb-Vidal que cette chambre est «trop grande pour y dormir seulement, trop petite pour accepter vraiment d'autres activités.»[122]

À défaut de disposer de mobilier de nuit escamotable (exemple: futon, divan-lit, commode intégrée), une division est nécessaire pour délimiter les activités diurnes et le sommeil. Cette division est souvent partielle afin de ne pas rapetisser visuellement l'espace: paravent, cloison basse, porte coulissante, bibliothèque, marche, etc. Comme le montrent les exemples précédents, la forme allongée de la pièce individuelle facilite cette division. Des participants au concours du PAN identifient cette pièce comme la «chambre-séjour», illustrant le besoin de faire oublier la connotation nocturne du mot chambre, qui signifiait à l'origine une pièce sans attribution particulière.

Nous sommes loin d'avoir exploré toutes les possibilités d'aménagement offertes par les accès individualisés et les chambres indépendantes, en particulier du point de vue de la transformation de l'espace et de leur impact sur le comportement des résidents. La transition entre l'espace individuel et l'espace commun, l'isolation acoustique et la gestion de ces espaces transformables demeurent les principaux problèmes de ce type d'habitat.

---

122. Eleb-Vidal, Châtelet et Mandoul, *op. cit.*, p. 77.

Équipements sanitaires et séjour de bain

La division, toujours présente en Europe, des appareils sanitaires entre la baignoire et le lavabo d'un côté, et le W.-C. de l'autre, est une combinaison intéressante qui rend possible l'usage simultané des espaces réservés à l'hygiène corporelle. Cependant, l'intégration d'équipements sanitaires à la chambre individuelle n'est pas une idée très répandue aujourd'hui.

Pourtant, les soins corporels se révèlent souvent compatibles avec l'espace intime de la chambre. Par exemple, la présence d'un lavabo, d'un miroir, d'une garde-robe et d'un porte-serviette dans une chambre réduit l'usage de la salle de bains commune. L'entretien de cette pièce devient alors une tâche moins accablante et les effets personnels peuvent être conservés dans la chambre individuelle. Ces petits détails peuvent contribuer à augmenter la qualité de vie des cohabitants qui partagent un logement.

La mise en marché des maisons neuves a popularisé une solution pour le moins coûteuse et simplifiée au problème de l'usage de la salle de bains par plusieurs personnes. L'attachement au concept de la salle de bains complète — c'est-à-dire celle qui regroupe tous les sanitaires — est tel, en Amérique du Nord, que cette pièce est maintenant quasiment indivisible. Les plans de maisons multiplient les salles de bains, qui sont au nombre de deux, trois et même plus au sein d'une même demeure. La ségrégation des fonctions par pièces à vocation unique s'impose malheureusement plus que jamais dans la conception des habitations.

La remise en question de la salle de bains nord-américaine se pose plutôt dans l'habitat haut de gamme. Les salles de bains sont devenues au fil des ans, l'expression du luxe et de la richesse des ménages. Jadis pièce utilitaire, mais visitée de tous, cet espace joue aujourd'hui un rôle d'apparat sans précédent.

La nouvelle salle de bains, si on peut encore l'appeler ainsi, prend les allures les plus variées. Des projets résidentiels expérimentent par exemple des salles d'exercices spacieuses munies d'équipements sanitaires. Des salles d'habillage comprennent souvent un lavabo et un comptoir, renouant ainsi avec la vieille tradition de la chambre où l'on faisait sa toilette. Plusieurs projets résidentiels luxueux offrent aussi une vaste chambre des maîtres qui inclut une baignoire pour la détente. Le sauna obtient également une faveur grandissante. La fonction hygiénique est toutefois reléguée au second plan : le bain remplit une fonction ludique, à l'image des patriciens de la Rome antique, et frôle le rituel présent dans plusieurs sociétés traditionnelles, comme en Finlande et au Japon.

La salle de bains n'est pas un espace définitivement fixé et elle continue sans cesse d'évoluer. Les participants au concours du PAN qui se sont penchés sur ce sujet questionnent surtout la relation de la salle de bains avec la chambre à coucher. Trois visions se détachent des propositions : la première consiste à agrandir la chambre à coucher de manière à y installer les équipements sanitaires ; la seconde ouvre la salle de bains sur la chambre, en éliminant la cloison qui les sépare ou en installant une cloison coulissante ; la troisième fragmente la baignoire, la douche et la toilette dans des cabinets séparés pour plus de commodité.

Ces idées, simples à la base, répondent adéquatement aux besoins des personnes sans lien de parenté, d'une famille recomposée et d'une famille qui compte des adolescents ou de jeunes adultes. La fragmentation de la salle de bains est d'ailleurs une idée contenue dans plusieurs projets du concours « L'Art de vivre en ville », tel celui des architectes Adamson Associates de Toronto, qui préconise l'usage simultané des appareils sanitaires, à l'étage des chambres d'adolescents (voir figure). Ces suggestions ne sont pas aussi coûteuses à réaliser que la production actuelle de logements laisse supposer ; elles n'obligent pas le recours à des matériaux et des appareils luxueux, pour laisser place à l'intimité et à l'autonomie. La chambre individuelle peut récupérer avantageusement l'espace de la salle de bains. Plusieurs des dégagements supplémentaires, nécessaires à la liberté de mouvements dans une salle de bains close entre quatre murs (autour du lavabo et de la baignoire, par exemple), peuvent être éliminés. Par contre, la protection visuelle devient alors un problème. L'intégration d'une cabine de déshabillage à la douche, l'installation du lavabo dans une niche, la pose d'un paravent devant le bain pourront assurer cette protection.

Séparations visuelles et acoustiques

Le va-et-vient continuel entre le désir de socialiser et celui de se retirer est une composante importante de la souplesse du logement. Plusieurs dispositifs existent afin d'encourager le regroupement des membres du ménage ou, au contraire, de défavoriser les rencontres.

Les portes d'un logement constituent une illustration simple et efficace de barrière visuelle et acoustique temporaire. D'autres dispositifs, comme les cloisons mobiles et les rangements amovibles, peuvent être déplacés selon les besoins des occupants. Voilà des exemples, déjà associés à la « flexibilité douce », qui peuvent instaurer une gradation entre la zone publique et la zone privée du logement. Ces dispositifs sont caractérisés principalement par :
- la facilité avec laquelle ils peuvent être déployés ;
- la fréquence d'utilisation selon les besoins variables de la journée, de la semaine, des saisons ou de la vie ;
- la réversibilité des changements apportés.

Ces moyens, somme toute modestes, permettent en effet aux usagers d'effectuer eux-mêmes des changements rapides à leur environnement, tout en gardant la possibilité de le remettre dans son état original à tout moment.

Teasdale et Wexler soulignent dans leurs travaux l'importance de la dimension de l'ouverture entre deux pièces; les cloisons munies de portes de largeurs variables peuvent modifier des relations tantôt «souhaitables et tantôt indésirables»[123] entre personnes. Au seul chapitre des portes, la variété des mécanismes a de quoi étonner: coulissantes, pliantes, pivotantes, battantes, escamotables, etc. À cela s'ajoute la sélection de portes doubles, opaques, vitrées, basses, étroites... Chaque type de porte suggère un lien différent entre les individus et l'espace.

Les zones visuellement et acoustiquement isolées du reste de la maison sont souvent reconnues comme une solution d'adaptation du logement aux besoins des occupants. Dans leur étude sur l'adaptation des espaces résidentiels aux jeunes enfants, Climento Johnson, Shack et Oster proposent d'aménager des niches visuelles pour le sommeil, le jeu et la lecture.[124] Ces petits espaces, proportionnés à la taille des enfants, leur procurent un sentiment de sécurité; le lit peut même être considéré, si on en croit les auteurs, comme le prolongement utérin de la mère («substituted womb»). Le lit est mieux placé dans l'encoignure, partiellement enclos dans un mur de rangement, ou bien surélevé pour utiliser l'espace du dessous. Une alcôve pour dormir, une aire de jeux en mezzanine, une fenêtre assez profonde pour s'y asseoir et lire sont des aménagements fréquemment appréciés des enfants.

Plus tard, l'affirmation individuelle de l'adolescent se manifeste souvent par l'occupation d'un champ auditif qui lui est propre. L'audition de la musique ne devrait pas entraver le

---

123. Teasdale et Wexler, *op. cit.*, p. 249.
124. Climento Johnson, Shack et Oster, *op. cit.*

déroulement simultané d'une conversation ni l'écoute de la télé par les autres personnes du ménage. Il est donc important que l'aménagement inclut des niches acoustiques. Les concepteurs des anciens duplex et triplex montréalais, par exemple, utilisaient la notion de cloison-rangement pour limiter la propagation du bruit : il n'est pas rare d'apercevoir, dans les logements qui ont conservé leurs divisions originales, des garde-robes couvrant toute la longueur du mur séparant la chambre à coucher d'une autre pièce.

Dans les propositions soumises au concours « L'Art de vivre en ville », les concurrents ont mis de l'avant diverses formes de séparation entre les espaces de vie des parents et des enfants. À cette fin, les concepteurs utilisent plusieurs techniques, telles que le cloisonnement du plan (division à l'horizontale), la superposition des étages du logement (division à la verticale), la création d'un séjour distinct pour les enfants (partage en deux de l'aire de socialisation) et la création d'un bâtiment spécifique pour ces derniers (fragmentation du volume construit). Le degré d'autonomie des enfants varie selon le cas : zone des chambres à l'écart, quartier au sous-sol ou à l'étage, logement supplémentaire tout équipé, pavillon indépendant dans le jardin (voir figure).

Chez les adultes, la fragmentation de la chambre en deux permet d'obtenir un coin-travail distinct de l'aire de sommeil. Un tel aménagement s'avère utile pour la mère qui retourne aux études ou sur le marché du travail, et qui ne dispose pas d'un espace individuel et tranquille. Aussi, une chambre spacieuse peut être avantageusement fractionnée pour la venue d'un enfant de même que pour personnaliser les espaces du nouveau couple qui entreprend une vie commune.

Il est également utile de créer des sous-espaces à l'intérieur d'un petit logement habité par une famille monoparentale, afin de laisser un minimum d'indépendance entre l'adulte et l'enfant. Des exemples de logements pour cohabitants, mentionnés auparavant, ont insisté sur l'importance de scinder

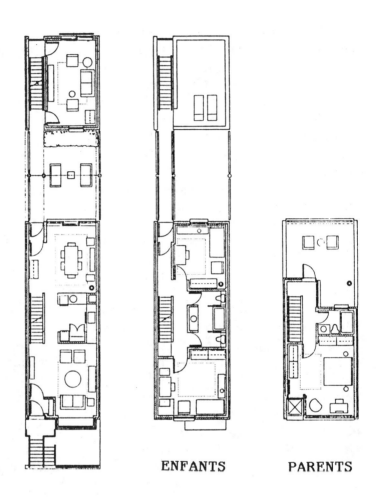

ENFANTS   PARENTS

REZ–DE–CHAUSSEE

30. *Le projet imaginé par les architectes Adamson Associates de Toronto, pour le concours «L'Art de vivre en ville», comprend plusieurs types de séparations entre les parents et les adolescents: séjours, niveaux des chambres, salles de bains, pavillon des enfants à l'arrière, terrasses extérieures distinctes. À noter la fragmentation de la salle de bains à l'étage des enfants.*

l'espace de séjour en deux. À la coopérative du Béguinage à Toronto cette répartition de l'aire de séjour sur deux étages assure l'usage simultané de la cuisine et du salon. De la même manière, des dispositifs, tels que les portes coulissantes, permettent d'occulter « les pièces de service donnant sur la salle commune ».[125]

Dans leur enquête sur l'adaptation des logements existants, Teasdale et Wexler notent qu'un plan allongé se prête mieux à l'aménagement de niches visuelles et acoustiques qu'un plan concentrique. La forme de l'enveloppe extérieure du bâtiment ne constitue pas le seul facteur qui entre en jeu dans l'isolement de certaines activités. Il y a aussi la distribution de la circulation à travers le logement, les variations de niveaux du plancher et du plafond, ainsi que la superposition des étages.

L'espace voué à la circulation influence énormément la répartition des aires d'activités dans le logement. Une porte d'entrée, par exemple, ne crée pas le même impact si elle est située au milieu d'un mur ou à l'une de ses extrémités. Dans ce dernier cas, l'espace situé derrière la porte paraît quelque peu en retrait par rapport au reste de la pièce. De même, un corridor non rectiligne forme des décrochements propices à la création de niches visuelles dans les pièces adjacentes. Aussi, l'abaissement du niveau du plafond et la variation de niveau du plancher accentuent chacun à leur manière l'effet d'alcôve. Quant à la superposition des étages, elle crée une séparation naturelle des activités pouvant s'avérer très efficace sur le plan acoustique, à condition de prévoir un plancher bien isolé et un plafond résilient[126].

Le logement ne saurait donc répondre pleinement aux besoins des nouvelles familles ainsi qu'aux nouveaux modes

---

125. Eleb-Vidal, Châtelet et Mandoul, *op. cit.*, p. 109.
126. En plus de réduire la transmission du bruit par le plancher (avec de la laine isolante par exemple) il est aussi recommandé de prévenir l'absorption des chocs.

de vie, si son aménagement ne prévoyait pas l'ouverture et la fermeture des espaces, partielles ou complètes. La séparation visuelle et acoustique peut servir aussi bien la famille monoparentale, biparentale ou recomposée, que les cohabitants et les couples nouvellement formés désireux de préserver une sphère d'intimité dans le logement. C'est pourquoi la souplesse de division de l'espace est indissociable des notions de qualité de vie et de qualité de l'habitat.

10

UN CADRE DE CONCEPTION MIEUX ADAPTÉ

La réalisation d'espaces de logement appropriés et modifiables pour les ménages suppose des conditions favorables de conception. La réglementation, les connaissances et la formation des concepteurs ainsi que l'organisation du système de production des logements sont trois facteurs qui suscitent ou non l'éclosion de formes résidentielles plus adaptées aux besoins des ménages.

L'innovation architecturale n'est pas toujours chose facile dans le cadre réglementaire actuel. Il peut effectivement paraître contradictoire que les règles prévues pour assurer la qualité et la sécurité minimales des logements aillent parfois à l'encontre des besoins des occupants. Mais les normes contenues dans les codes de construction et les règlements locaux freinent quelquefois le changement au moment où l'habitation en aurait le plus besoin.

Il faut convenir que les concepteurs ont également leur part de responsabilité dans l'inadéquation des logements aux transitions familiales et aux nécessités récentes. À ce sujet, Lodl, Gabb et Combs expliquent:

179

«Designers have been wary of attempting changes that will negatively affect the economic aspects of the building process.»[127]

Mais s'agit-il vraiment de prudence face à l'innovation? Les architectes sont plutôt mal préparés à répondre à l'évolution des besoins des ménages. L'habitation est un domaine exigeant de leur part des connaissances étendues et variées, qui leur font parfois défaut. Aussi, la taille généralement modeste des opérations résidentielles a pour effet de les désintéresser de ce domaine et de laisser la place à d'autres intervenants de la construction, ayant peu ou pas de formation en aménagement.

La comptabilisation du secteur de la construction résidentielle dans l'économie des pays industrialisés sous-entend que le logement y est perçu comme un bien de consommation. Dans ce système de production, promoteurs, industriels et financiers obtiennent un rôle de premier ordre. La recherche d'aménagements nouveaux et la création architecturale se trouvent par conséquent réduites à peu de choses, l'architecte étant souvent un simple intervenant au service des promoteurs, pendant que l'usager se voit exclu du processus de design. Les plans de maisons se conçoivent d'après des courants qui circulent sur une grande échelle. Ces plans subissent parfois des influences étrangères cadrant mal avec les modes de vie de la population locale, tel le bungalow californien que l'on a reproduit au Québec sans sas d'entrée. On comprend donc que les logements construits à l'intérieur de ce système accordent peu d'attention aux besoins spécifiques des gens qu'ils abritent.

---

127. Lodl, Gabb et Combs, *op. cit.*, p. 394.

Normes, réglementation et innovation architecturale

Le concept de logement dans notre société repose sur l'appartenance des individus à un espace autonome où l'on mange, dors et séjourne[128]. À défaut de correspondre à cette définition, l'unité d'habitation des personnes est associée aux pensions, aux institutions d'hébergement et aux établissements hôteliers. Les formes d'habitation qui dévient du logement familial conventionnel sont en quelque sorte marginalisées par le système normatif.

La normalisation du bâtiment résidentiel s'appuie en grande partie sur un ensemble de règles contenues dans un code. Au Canada, c'est le Code national du bâtiment (CNB) qui stipule des exigences techniques en vue d'assurer la sécurité des personnes dans les constructions. Il est très employé par les municipalités du Québec, qui l'adoptent par voie de règlement. Il contient aussi plusieurs normes sur les dimensions des logements, qui influencent la conception architecturale. En voici quelques-unes.

En hiérarchisant les chambres par leurs dimensions, le CNB s'inspire très certainement des besoins de la famille biparentale, autrefois le type de ménage majoritaire. On établit ainsi une nette distinction entre la chambre à coucher principale et les autres chambres du logement. Chaque logement doit posséder une chambre principale, dont l'aire minimale est supérieure à celle des autres chambres (9,8 m^2 pour l'une et 7 m^2 pour les autres). Alors que la largeur ou la longueur de la chambre principale ne peut être inférieure à 2,7 mètres, les autres chambres peuvent, elles, comporter une dimension minimale de 2 mètres seulement. L'on convient que ces normes vont à l'encontre des observations précédentes, selon lesquelles les familles monoparentales s'accommoderaient davan-

---

128. Code national du bâtiment (1990).

tage de chambres d'égales dimensions et les cohabitants, d'un espace privé plus grand que la moyenne.

La notion de pièce fermée est aussi comprise dans les normes d'habitabilité. Par exemple, selon le CNB, les concepteurs doivent prévoir dans chaque logement une salle de bains fermée, suffisamment grande pour contenir une baignoire, un W.-C. et un lavabo. Il ne faut donc pas se surprendre du phénomène de la multiplication des salles de bains dans les modèles de maisons neuves. Aussi, cette exigence normative ignore l'utilité de fragmenter la salle de bains en vue de l'emploi rationnel et simultané des équipements sanitaires par plusieurs personnes.

Cependant, avec la popularité grandissante des aires ouvertes dans les logements, la normalisation s'est adaptée d'une certaine façon à l'évolution des modes de vie. Elle permet des surfaces moindres pour les séjours, les salles à manger et les cuisines, lorsque ces pièces sont combinées. Dans ce cas, les aires combinées doivent servir à une ou deux personnes, tout au plus.

Les normes façonnent la forme de l'espace habitable en imposant leurs exigences aux concepteurs. Ceux-ci peuvent-ils y déroger par quelques moyens ? Outre la possibilité de combiner certaines aires du logement, il est permis de réduire les dimensions des pièces en-deçà du minimum requis, à condition de faire la preuve qu'elles conviennent à l'usage qui leur est destiné. Le CNB donne l'exemple du mobilier incorporé, qui compenserait pour la réduction de la pièce. Il incombe au concepteur de prouver que sa solution est la bonne, ce qui n'est pas toujours chose facile, dans le cadre d'une procédure réglementaire peu encline à gérer les cas exempts de précédent.

La hauteur sous plafond des espaces aménagés ne doit pas, règle générale, être inférieure à 2,1 mètres. La hauteur d'une chambre ou d'une aire de repos peut être inférieure à ce minimum, à condition qu'au moins la moitié du plafond se situe à une hauteur de 2,3 mètres. C'est le cas du plafond incliné d'une chambre à coucher située sous un toit en pente. La partie du plafond dont la hauteur est inférieure à 1,4 mètres n'est pas incluse dans le calcul de la surface utile de plancher de la pièce ; la diminution de volume occasionnée par l'inclinaison du plafond se voit compensée, d'une certaine façon, par l'obligation de prévoir une surface de plancher plus grande que le minimum requis.

La hauteur minimale sous plafond des espaces non aménagés (sous-sol, grenier, garage, etc.) peut être inférieure à celle des espaces aménagés. Ainsi, la hauteur libre d'un garage de stationnement doit être au moins de 2 mètres ; celle d'un sous-sol non aménagé avec un coin buanderie, d'au moins 1,95 mètre. Le code de construction de la Ville de Montréal autorise, pour les salles de jeux aménagées dans les sous-sols, une hauteur de seulement 1,83 mètre. Ces normes posent un réel problème lors de la conversion d'un sous-sol ou d'un garage en pièce habitable, puisque dans ce cas, une hauteur de 2,1 mètres ou plus est exigée.

Les normes de protection contre les incendies font référence, entre autres, au concept de suite à l'intérieur d'une habitation. Ce concept présente un intérêt indéniable, parce que les fonctions d'une suite restent indéterminées par rapport à celles des autres pièces d'une habitation. Il rejoint l'idée de la pièce indépendante communiquant avec une aire de service commune, que l'on retrouve dans les logements prévus pour les cohabitants. Le Code national du bâtiment définit la suite comme une pièce, ou un groupe de pièces, occupé par un seul locataire ou propriétaire. Elle est généralement associée aux commerces et aux édifices à bureaux, mais le CNB concède l'existence de suites dans les habitations, à cause du risque potentiel de propagation des incendies qu'elles représentent lorsqu'elles ne sont pas séparées par des cloisons suffisamment résistantes au feu.

Le CNB s'intéresse en particulier aux points de communication entre la suite et le reste du logement. L'architecte doit

LOGEMENT ET NOUVEAUX MODES DE VIE

alors prévoir une séparation ayant une résistance minimale au feu de 45 minutes, entre la suite et les autres suites ou pièces contiguës. Lorsque la division coupe-feu de la suite est munie d'une porte, celle-ci doit être construite de façon à résister aux flammes durant au moins 20 minutes. Il est alors permis d'installer une porte en bois à âme massive de 45 mm d'épaisseur.

Comme on le voit, la normalisation du bâtiment détermine fortement la façon de concevoir des habitations, tout en laissant peu de place aux solutions de rechange. Une étude sur l'innovation et les codes du bâtiment, préparée pour le compte de la Société canadienne d'hypothèques et de logement, souligne la tendance récente dans plusieurs pays à adopter des codes fondés sur la performance, plutôt que sur des exigences normatives[129]. Cela signifie, entre autres, qu'un concepteur est libre d'imaginer les options qu'il désire, du moment qu'elles soient conformes à la performance qu'on attend d'elles, du point de vue de l'habitabilité et de la sécurité aux incendies.

L'étude de la SCHL conclut à la possibilité d'élaborer à long terme de telles normes de performance que l'on pourrait vérifier, parce que l'obstacle principal réside dans l'application d'un mécanisme d'évaluation de normes plus permissives. En effet, un délai d'autorisation de bâtir qui serait trop long amènerait une contrainte déplaisante pour les constructeurs. Ceci fait dire à plusieurs que la difficulté d'application de normes de performance ne ferait que succéder aux défauts des exigences normatives actuelles. On pourrait, dans ce cas, examiner une troisième voie, qui consisterait à implanter un système «mixte», comprenant à la fois des exigences normatives et des normes de performance. Un tel système permettrait aux concepteurs et aux constructeurs de choisir la solution qui leur apparaîtrait la meilleure pour une situation donnée. En plus de mesurer les avantages de chaque système, un système mixte

---

129. A. T. Hansen Consulting Services et Scanada Consultants Limited (1991).

effectuerait une transition en douceur des exigences normatives aux normes basées sur la performance.

Il est évident, toutefois, que des normes qui reposent sur l'obligation d'un résultat, plutôt que sur des moyens, se prêtent mieux à l'innovation; elles laissent au concepteur le choix d'élaborer des façons d'atteindre les objectifs de qualité et de sécurité exigés dans les constructions.

Les normes de dimensionnement des aires et des pièces, telles que formulées actuellement, présentent certaines incompatibilités avec la souplesse de l'espace habitable et les besoins des divers types de ménages. La hauteur minimale exigée des espaces non aménagés, notamment, devrait être au moins égale à celle des espaces aménagés, afin d'en permettre une utilisation plus étendue.

Il n'y a pas que les normes contenues dans le Code national du bâtiment qui influencent la conception des logements. Les règlements de zonage et les règlements de construction des municipalités obligent ces dernières à contrôler la conformité des projets de construction, ou de modification, des habitations sur leur territoire. En ce sens, les autorités locales possèdent un pouvoir important de contrôle sur les normes de conception des logements.

Nous avons déjà évoqué, dans la première partie, l'obstacle majeur que constitue la réglementation municipale pour l'implantation de logements *supplémentaires*. La création d'un petit logement, à l'intérieur du volume de la résidence principale ou adjacent à celui-ci, s'inscrit bien dans l'évolution des besoins en espace des ménages. Le problème d'espace peut relever de la sous-occupation du logement (exemples: départ des enfants, veuvage) ou, au contraire, à son expansion (exemples: ménage familial multigénérationnel, retour d'un jeune adulte au foyer parental).

Évidemment, la création d'un logement supplémentaire ne constitue pas le seul moyen de résoudre tous les problèmes d'espace que vivent les ménages. Mais en créant un nouveau logement à l'intérieur du volume bâti existant, on peut offrir un logement à loyer abordable à un jeune ménage, une personne seule, un parent avec son enfant ou une personne âgée. Parce qu'ils répondent à un véritable besoin, bon nombre de logements supplémentaires sont par conséquent aménagés sans permis dans les municipalités. Ces logements clandestins sont habituellement peu visibles de l'extérieur et se retrouvent fréquemment dans des sous-sols mal éclairés. Aussi, la porte d'accès au logement supplémentaire est souvent indistincte de celle du logement principal où habite, la plupart du temps, le propriétaire. Ainsi, il est curieux de constater les effets pervers que peut provoquer parfois une réglementation trop stricte. Dans ce cas-ci, on encourage l'aménagement d'espaces dont la salubrité laisse à désirer (taux d'humidité élevé, éclairage naturel et vue extérieure limités, etc.) et qui restreignent la vie privée des occupants.

Les normes de dimensionnement des terrains et des bâtiments engendrent une autre sorte de problème pour l'insertion de nouvelles constructions dans les zones résidentielles bâties. Il est par exemple interdit de construire plus d'une habitation autonome sur le même lot. Des architectes et des promoteurs ont cependant trouvé un moyen tout à fait légal de contourner cet obstacle réglementaire, sans recourir à une dérogation du règlement de zonage : les maisons sont vendues en copropriété. Ce moyen a été utilisé par Donald William MacDonald, à San Francisco, et par le constructeur et promoteur Léo Marcotte, dans le quartier Pointe-aux-Trembles à Montréal, qui a construit une version de la maison « évolutive » de l'université McGill. Depuis, plusieurs projets de maisons en rangée dans la région de Montréal ont emprunté ce procédé. Habituellement, les éléments de propriété divise se composent d'unités de logements privées, qui appartiennent exclusivement à leurs propriétaires. Les éléments de propriété indivise sont le fonds de terre, les aménagements et les parties communes des immeubles.

Il est interdit de construire à Montréal des façades ayant moins de 18 pieds de largeur (5,45 m). Devant la demande de maisons à surface réduite qui conviennent à une clientèle d'accédants à la propriété, quelques expériences récentes ont été menées dans la région de Montréal. Le projet résidentiel « Cité-jardin Fonteneau », des architectes Cardinal et Hardy, situé dans l'Est de Montréal, est axé sur des maisons à façades étroites, comptant moins de 18 pieds de largeur (voir figure). L'étroitesse du logement est compensée au rez-de-chaussée par l'ouverture des aires du séjour et de la cuisine, ainsi que par de larges baies vitrées qui créent une certaine transparence du plan.

Nonobstant le caractère expérimental de cette dernière opération, qui a fait l'objet d'un concours de la Ville de Montréal, il est tout de même possible de déroger au règlement de zonage dans le cas de projets importants. La Charte de la Ville prévoit en effet une procédure spéciale dite « de plans d'ensemble » pour ces cas particuliers. La profusion de vides urbains à Montréal indique que le concept des maisons étroites ou de surface réduite peut s'appliquer non seulement à la construction de projets d'ensemble dans les zones non développées de la ville, mais aussi à la problématique de l'insertion en milieu existant. En fait, il est plutôt rare qu'un *nouveau* concept d'habitation serve à consolider un milieu déjà bâti, en raison de l'opposition organisée des résidents en place. MacDonald a dû mener une lutte acharnée pour réussir à construire des petites maisons dans les quartiers bien établis de San Francisco. Heureusement pour lui, un comité de citoyens favorables au projet s'est formé, équilibrant ainsi le rapport de forces entre les propriétaires-résidents et les personnes désireuses d'accéder à la propriété à bon compte dans le quartier. Le jeu de la démocratie populaire a, dans ce cas, eu raison de ce qu'il est malheureusement convenu d'appeler le « syndrome NIMBY » (« Not in my backyard »), qui soulève un obstacle réel au développement de solutions innovantes.

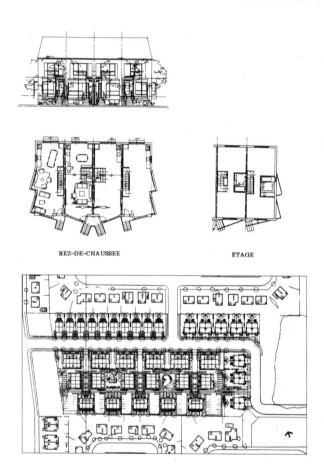

REZ-DE-CHAUSSEE

ETAGE

31. *Le projet résidentiel de la «Cité-jardin Fonteneau», dans l'Est de Montréal, vise à démontrer la viabilité économique et sociale de maisons consommant moins d'espace de terrain. Malgré l'étroitesse du plan (quatre modèles sur cinq ont une largeur de 4,25 mètres seulement), les espaces intérieurs sont à la fois ouverts, éclairés et modulés de façon à suggérer certains aménagements. Le traitement des espaces extérieurs confère à l'ensemble du projet un esprit communautaire, présent à l'origine dans les cités-jardins, mais absent de la plupart des développements de banlieue contemporains. Concepteurs: Cardinal et Hardy, architectes.*

LE LOGEMENT ADAPTÉ AUX BESOINS CHANGEANTS

Plusieurs styles architecturaux qui ont contribué à donner un caractère particulier aux quartiers populaires sont issus d'éléments qui participent à l'individualisation des logements : escaliers extérieurs, balcons, portes individuelles, matériaux de façade, etc. Malheureusement, la construction des escaliers à l'intérieur des petits bâtiments d'habitation favorise les entrées communes et impersonnelles dans les immeubles. Ces entrées bruyantes, qu'il faut entretenir et chauffer, augmentent le coût total de construction, en plus de réduire la surface habitable des logements. D'autre part, elles diminuent la relation que les résidents entretiennent avec la rue, si importante pour certains groupes de ménages, comme les personnes âgées, les familles monoparentales et les personnes seules, qui tentent de lutter contre l'isolement. La protection des escaliers contre les intempéries vaut-elle vraiment davantage que la perte de qualité de vie engendrée par la disparition des accès extérieurs et individuels des logements ?

Les municipalités devraient donc songer à lever les interdictions qui empêchent d'accroître l'individualisation des logements. À ce titre, le logement supplémentaire devrait être légalisé, là où il est interdit. Sorti de la clandestinité, ce type de logement pourrait être muni d'un accès distinct de la maison principale, clairement identifiable de l'extérieur. Ceci permettrait, d'une part, de loger une partie des nombreux ménages d'une ou deux personnes à revenus limités et, d'autre part, à des personnes retraitées de demeurer dans leur maison devenue trop grande pour leurs besoins.

Les normes et la réglementation actuelles en matière de conception de logements ont été élaborées durant les années de croissances économique et démographique de l'après-guerre. Elles perpétuent le mythe de l'habitat familial pavillonnaire de la banlieue, même si l'on sait aujourd'hui que le coût de cet archétype et celui de l'étalement urbain qu'il engendre est trop élevé. Des zones d'habitation de faible densité ont été construites durant des décennies, consommant des surfaces de terrain importantes et repoussant toujours plus loin les limites de l'agglomération. L'utilisation rationnelle de l'espace urbain passe maintenant par l'augmentation de la densité dans les zones résidentielles existantes. Celle-ci pourrait être stimulée par la création de nouvelles unités d'habitation autonomes et par l'agrandissement de résidences existantes, à des fins d'adaptation de l'habitat aux besoins en espace des ménages.

Les réalités socio-économiques et démographiques d'aujourd'hui imposent cependant une révision de la réglementation, en ce qui concerne la conception des logements. L'évolution du cadre normatif incombe non seulement à l'État, mais aussi aux municipalités, qui sont les instances décisionnelles les plus proches de la population. Ce rôle relativement nouveau des municipalités se destine à prendre de l'ampleur dans l'avenir, étant donné le désengagement graduel des gouvernements face à l'habitation. Les municipalités sont d'ailleurs bien placées pour connaître les besoins de leur population ; les autorités locales devraient donc réfléchir sur les changements à apporter aux aspects de la réglementation qui sont préjudiciables au développement de solutions d'habitation plus adaptées aux ménages d'aujourd'hui. La modernisation du système réglementaire à l'échelle locale représente un énorme défi, qui implique la modification d'habitudes profondément ancrées. On comprend l'énormité de la tâche, lorsque l'on sait qu'elle requiert la sensibilisation d'autant d'administrations municipales.

Apprentissage et rôle des concepteurs

La participation des concepteurs au renouvellement des idées sur le logement est plus importante que jamais. Même si l'existence de spécialistes pour la conception des habitations est très ancienne, l'intérêt des architectes pour le logement populaire est relativement récent. L'effet qu'ont eu les modes de vie sur la modulation de l'espace intérieur est, en fait, peu relaté par l'histoire, qui retient surtout les commandes des classes dirigeantes pour leurs palais et demeures luxueuses. L'architecte recevait sa formation de l'école des Beaux-Arts et voyait à la composition des édifices selon les règles propres à chaque époque. Il obtenait la maîtrise d'une œuvre d'art et sa signature, lorsqu'elle était gravée sur la façade, venait en quelque sorte confirmer son statut d'artiste. Ces circonstances ont entraîné, à tort ou à raison, la création du «maître d'œuvre», et entretenu le mythe de l'architecte comme professionnel pratiquant un art d'élite.

Il faut attendre que les pouvoirs politiques et économiques prennent conscience des conditions d'habitation déplorables des classes laborieuses et de leurs répercussions possibles sur la santé publique, le climat social et la production industrielle naissante, pour faire appel à des spécialistes de la conception des logements. Les premières personnes à s'être préoccupées des conditions de logement des ouvriers n'étaient pas, d'ailleurs, des architectes, comme en fait foi cette remarque du critique français Michel Ragon :

> «Les constats de la dégradation urbaine par l'industrialisation, et la crise du logement populaire qui en fut la conséquence, avaient été faits par des médecins, des prêtres, des économistes, des philosophes[130].»

Les grandes industries comme les mines, les fonderies et les chemins de fer, ont été les premières à construire des habitations pour loger les travailleurs. Cette opération, loin d'être philanthropique, visait plutôt à récupérer une partie de la masse salariale versée aux ouvriers et à exercer un contrôle

---

130. Ragon (1986), tome I, p. 57.

sur leur vie. Habitation et travail étaient si liés que l'ouvrier qui perdait son emploi, perdait en même temps son logis. À une époque où sévissait une grave crise du logement, il est facile de comprendre que les ouvriers étaient peu disposés à revendiquer de meilleures conditions d'habitation.

Ce sont de grands propriétaires fonciers qui, dans les villes en pleine croissance, comme Montréal à la fin du XIXe siècle, déclenchèrent la construction massive de logements. La vente de parcelles pour y construire de petits immeubles à logements allait permettre de loger les nouvelles classes de travailleurs fraîchement émigrées des campagnes et de l'étranger. Le loyer représentait une source de revenus intéressante pour les propriétaires, mais ce qui rendait encore plus attrayants ces immeubles, c'était leur valeur d'échange.

L'implication des architectes dans le logement de masse s'est concrétisée en France, il y a une centaine d'années, par la réalisation des premières habitations à bon marché (H.B.M.). Quelques temps auparavant, des sociétés philanthropiques de construction lançaient des concours d'architecture portant sur l'habitation des ouvriers. Elles allaient être imitées en ce sens par les pouvoirs municipaux, au sein desquels s'activaient déjà des architectes depuis un moment.

L'investissement de quelques états européens dans le domaine de l'habitat permit donc aux architectes de jouer un nouveau rôle social : celui d'influencer de près le cadre de vie de la population par la conception des logements. Certains d'entre eux maintenant célèbres, comme Ernst May à Francfort, Margarete Schütte-Lihotzky à Vienne, J. J. Pieter Oud à Rotterdam et Bruno Taut à Magdeburg, inculquèrent plus de rationalité aux plans des logements. Après la Première guerre, les grandes villes, surtout en Europe centrale, mirent en œuvre d'importants programmes de construction, afin de faire face à la crise aiguë du logement. Les « lotissements » (« Siedlungen » en allemand), sortes de développements de maisons économiques en série et aux toits plats, servirent à expérimenter les nouveaux préceptes de l'architecture moderne : air, lumière et rationalisation de l'espace habitable. L'argument « D'abord la cuisine, après la façade »[131] constituait une révolution par rapport à la pratique issue des Beaux-Arts. Ces expérimentations furent cependant de courte durée (1919-1939), car elles furent interrompues par la guerre.

Les budgets restreints de la commande publique n'ont pas encouragé, de manière générale, une recherche très approfondie ni suscité outre mesure l'intérêt des architectes pour le logement populaire. Les quelques expériences audacieuses qui ont eu lieu au cours des dernières décennies dans l'habitation sociale ont porté davantage sur l'expression de formes architecturales monumentales que sur la recherche, certes moins spectaculaire, d'espaces habitables conçus en fonction des besoins des habitants. Le cas des « Arènes de Picasso » de Manolo Nuñez à Noisy-le-Grand, en banlieue de Paris, et celui, désormais célèbre, du Corviale de Mario Fiorentino, près de Rome (voir figure) illustrent bien ce qui précède. La frustration ressentie par les résidents de ces immeubles gigantesques n'est pas sans rappeler l'expérience éprouvante des grands ensembles construits durant les années 50 et 60, et dans lesquels les efforts des concepteurs portaient sur la matérialisation de grands idéaux somme toute abstraits pour la majorité des personnes.

La conception d'une vaste demeure isolée, construite pour des clients fortunés sans exigence particulière, constitue-t-elle encore le rêve domestique de l'architecte, comme au temps des villas de Pline le Jeune ? Les incursions des maîtres de l'architecture moderne dans l'habitation, à un moment ou à un autre de leur carrière, contredisent l'idée selon laquelle l'habitation est un champ de recherche et d'intervention mineur pour les architectes.

---

131. Gössel et Leuthäuser (1991), p. 156.

32. *Le monumentalisme des grands ensembles détourne-t-il l'attention des architectes des véritables problèmes du logement?*
En haut: Les «Arènes de Picasso» à Noisy-le-Grand, dans la ville nouvelle de Marne-la-Vallée, en banlieue parisienne (architecte: Manolo Nuñez).
En bas: Le Corviale, l'immeuble de HLM le plus long au monde, mesurant un kilomètre et isolé dans la campagne romaine (architecte: Mario Fioren-tino; reproduit avec l'autorisation de l'Architecture d'Aujourd'hui, Paris).

Les expériences de Le Corbusier avec l'Unité d'habitation, celles de Gropius qui s'est lancé aux États-Unis dans une ambitieuse aventure de préfabrication[132], ou plus près de nous, Moshe Safdie et son prototype Habitat, dévoilent l'existence d'un univers fascinant, à la fois complexe et diversifié. Mais malgré les tentatives répétées de développement de prototypes d'habitation et l'influence de leurs illustres auteurs, ces épisodes n'ont pas connu beaucoup de réalisations ni mérité toutes les suites auxquelles ils étaient destinés. Pourquoi?

Le concepteur qui concentre son énergie sur la fabrication d'un modèle n'est pas pour autant habile à le réaliser et à le reproduire. Qu'un inventeur de génie puisse être incapable d'enfoncer un clou, c'est bien connu. De même, bon nombre d'idées, même excellentes, ne dépassent pas le stade de la conception.

La difficulté de transmission du savoir en design et en architecture explique une partie de ce problème. Dans ces disciplines, il n'existe pas de théorie unique mais plusieurs approches basées sur l'expérience personnelle et sur la découverte, développées lors d'un long processus de recherche et d'apprentissage. Tous les écrits, dessins et constructions du monde ne peuvent résumer les connaissances sur la conception et offrir de solution idéale à un problème, puisque les conditions de design évoluent constamment. La conjoncture particulière dans laquelle naît le projet d'habitation est ainsi appelée à se défaire avec le temps: nouveau contexte politico-économique, utilisation de nouvelles technologies de construction, changement de valeurs sociales et culturelles, etc.

Il est donc difficile pour le concepteur de maîtriser une connaissance en évolution perpétuelle, et encore plus difficile de la transmettre à autrui. Il s'écoule par exemple une période de décalage d'environ 10, 15 ou 20 ans, entre le moment où l'architecte reçoit sa formation à l'université et le moment où

---

132. Herbert (1984).

il peut influencer les décisions concernant la réalisation de projets. Déjà, les données sociales, démographiques et économiques sont désuètes ; la mise à jour de ses connaissances s'impose afin de répondre aux besoins actuels de logement.

Étant donné que la transmission des connaissances dans le domaine du design et de l'architecture privilégie le dessin plutôt que l'écrit, que la recherche est fragmentée et peu diffusée, et que l'habitation est un domaine en perpétuel changement, le risque est grand pour le concepteur de perdre son temps à essayer de tout réinventer, chaque fois que de nouvelles données apparaissent.

Pour le praticien, il demeure important de garder un contact permanent avec les autres disciplines qui alimentent ses connaissances sur l'habitation. Le contact avec l'université, lieu propice au renouvellement des idées, a aussi avantage à être conservé, pour pallier au manque de temps consacré à la recherche et à l'éducation des jeunes apprentis dans les bureaux d'architecte. L'école, de son côté, trouverait son compte à effectuer plus de recherche sur l'habitation et à diffuser ces nouvelles connaissances auprès des praticiens œuvrant dans le domaine. Ceci éviterait aux institutions d'enseignement de sombrer dans le rôle facile de la transmission du savoir des professeurs.

Pour préparer les apprentis-concepteurs à améliorer le milieu de vie des personnes via le logement, les exercices exploratoires exécutés dans les ateliers de design pourraient automatiquement tenir compte du cycle de vie des ménages et de la transformation inévitable des besoins. La pratique de l'architecture a ceci de particulier qu'elle n'oblige pas le concepteur à établir un contact direct avec les utilisateurs des bâtiments. Ceci serait impensable dans d'autres domaines tels que le droit où, par exemple, l'avocat ne connaîtrait pas son client.

Dès l'école, la conception des espaces habitables doit se baser sur les besoins et les modes de vie des usagers et ne pas chercher à se complaire dans la création d'environnements appréciés seulement des initiés. Il importe que les connaissances acquises dans le domaine des sciences humaines (sociologie de l'habitation, psychologie de l'espace, données socio-démographiques, etc.) puissent trouver un terrain d'application dans l'atelier de design de l'étudiant. Des ponts solides doivent être établis entre les cours théoriques et les activités pratiques, chose qui n'est pas toujours simple à réaliser dans le cadre des ateliers, où la transmission des connaissances repose presque exclusivement sur l'expérience personnelle de l'enseignant, laissant à d'autres professeurs plus enclins à la recherche, le soin de pourvoir aux lacunes théoriques des étudiants. Une recherche approfondie d'avant-projet s'avère formatrice pour l'apprenti œuvrant à la conception de logements. Cette étape cruciale du processus de design a de bonnes chances d'influencer ultérieurement la capacité du jeune concepteur à saisir pleinement les besoins des usagers et les conditions à l'origine du projet.

Lorsque le stage en milieu de travail prend la relève de l'école, certains lieux sont plus propices que d'autres à l'apprentissage de la conception des logements.

Au Québec, des organismes sans but lucratif, tels que les Groupes de ressources techniques (G.R.T.), offrent un rapport privilégié entre le concepteur-architecte et les futurs résidents, spécialement lors de la mise sur pied de coopératives d'habitation. Aussi, des «cliniques d'architecture», constituées de jeunes praticiens et de stagiaires, établissent un contact direct avec les clients-résidents, lors de projets de construction et de rénovation de résidences privées. On trouve également des architectes chargés de concevoir des projets de logements dans les sociétés publiques d'habitation. Dans les plus grandes (comme la Société canadienne d'hypothèques et de logement, la Société d'habitation du Québec, les sociétés municipales et para-municipales), les architectes œuvrent au sein d'équipes multidisciplinaires très au fait de l'évolution des besoins en logement de la population québécoise. Du côté privé, quelques bureaux d'architecture, plus particulièrement dans les grands centres urbains, se spécialisent dans la conception et la réalisation de projets résidentiels. Maintes entreprises aux statuts très divers sont également actives dans la conception de projets d'habitation. Le cas du Mouvement Desjardins et de sa filiale Habitation populaire Desjardins illustre bien la variété des intervenants dans ce domaine.

La perception erronée voulant que l'habitation soit un secteur d'intervention mineur pour les architectes change peu à peu. La démocratisation de l'enseignement universitaire a amené un grand nombre de finissants sur le marché du travail. L'engorgement provoqué a suscité une restructuration des champs de pratique traditionnels vers une diversification et une plus grande spécialisation. Plusieurs concepteurs ont trouvé dans l'habitation un secteur d'intervention gratifiant, qui reste ouvert sur d'autres domaines : immobilier, droit, urbanisme, administration, journalisme, enseignement, etc.

Signe des temps, les concours d'architecture, organisés tant en Europe qu'en Amérique du Nord, suscitent une nouvelle réflexion sur le logement en rapport avec l'évolution de la famille et les modes de vie : « A New American House » en 1984, le programme Architecture Nouvelle et les Albums de la Jeune architecture en France, l'EuroPAN, le concours sur le logement à coût abordable de la revue Progressive Architecture en 1991, « Main Streets » à Toronto, « L'Art de vivre en ville » à Montréal... L'Ordre des architectes du Québec a ouvert, en 1990, deux catégories en habitation pour ses Prix d'excellence, qu'elle décerne annuellement. L'une de ces catégories s'adresse spécifiquement aux projets résidentiels de petite taille, qui avaient jusque-là peu de chance d'attirer l'attention du public et de la profession, face à des projets plus grandioses de musées, de théâtres, de bibliothèques et de sièges sociaux de grandes compagnies. Toutes ces mesures, et bien d'autres encore, contribuent à valoriser le secteur de l'habitation auprès des concepteurs et du public.

On conçoit, depuis longtemps, la grande majorité des logements sans recourir à des professionnels formés en aménagement. Le défi de l'adaptation de l'espace habitable aux transformations des ménages nécessite que l'on tire profit des connaissances et de l'habileté de ces professionnels. Leur implication dans le renouvellement des idées et des solutions de logement s'avère grandement essentielle pour l'amélioration du cadre de vie et l'avenir de l'habitation en général.

Modes de production

L'architecte se prend parfois à rêver de l'époque pas très lointaine où le pouvoir du maître d'œuvre lui accordait une notoriété enviable. L'idéal de production des sociétés techniciennes contemporaines s'accommode plutôt mal de leur savoir large et globalisant, pourtant indispensable à la synthèse des données d'un projet d'architecture. Laissant derrière lui un passé prestigieux, l'architecte cherche à reconquérir son autorité et le respect du public en visant l'objectif, on ne peut plus ambitieux et démocratique, «d'améliorer le cadre de vie».

D'un côté, le concepteur-architecte se sent à l'étroit dans le rôle de simple intervenant du processus de réalisation, où le confinent les principaux régisseurs de la commande: l'État, l'industrie et les milieux financiers. D'un autre côté, il ne recouvre pas son autorité perdue avec le nouveau rôle social qu'il se donne.

En effet, l'objectif de performance à court terme des régisseurs et des producteurs du bâti résidentiel ne sait que faire d'acteurs qui prônent l'amélioration du cadre de vie. La pratique du bien, au sens large, paraît vague et anachronique dans un système de production qui valorise plutôt le spécialiste chargé de résoudre les problèmes.

L'amélioration de l'habitat n'a aujourd'hui un sens, aux yeux de ses protagonistes, que si elle s'intéresse à des aspects très spécialisés du logement. Le manque de vision d'ensemble du système de production peut cependant comporter de fâcheuses conséquences. Par exemple, la crise de l'énergie dans les années soixante-dix a fourni l'occasion de rendre les bâtiments plus étanches et plus économiques à chauffer. Mais la concentration des efforts sur ce seul problème en a fait surgir un autre par la suite : la piètre qualité de l'air dans les habitations.

La valorisation industrielle de la production rejoint toutes les sphères d'influence du logement, y compris la recherche subventionnée. L'architecte qui effectue des travaux sur l'amélioration de l'espace domestique a l'air d'un Don Quichotte, à côté du chimiste qui cherche à connaître les effets du radon dans le sous-sol des habitations. La concentration excessive des ressources vers des aspects plus spécialisés du logement a ainsi pour grave conséquence de retarder l'adaptation des logements aux besoins d'une société en profonde mutation.

Dans une économie de marché qui pense et agit en termes d'offre et de demande, de producteurs et de consommateurs, les tâches dites «improductives», c'est-à-dire celles qui, comme la conception du projet, prennent du temps et rapportent peu à court terme, sont réduites au strict nécessaire. L'espace vital du concepteur se rétrécit sans cesse et l'amène à faire d'importants compromis sur son indéfinissable quête d'amélioration du milieu de vie. Un encadrement législatif définit et protège cet espace qui lui reste. Le Code des professions, régi par le Gouvernement du Québec, accorde aux architectes le droit exclusif d'exercer les tâches qui leur sont dévolues par la loi[133]. La loi n'a cependant pas empêché les architectes d'être

---

133. L'architecte porte un titre exclusif, comparativement à certaines autres catégories de professionnels qui possèdent un titre réservé.

écartés de ce qui constitue la principale production de logements depuis un demi-siècle : le pavillon familial de banlieue. Ce qui devait marquer le paysage urbain du XXᵉ siècle a échappé à l'architecte, la loi ne lui réservant pas l'exclusivité sur la conception de projets d'habitation d'une valeur de 100 000 $ ou moins.

Le système de production résidentiel nord-américain ne laisse guère plus de place à la participation de l'usager. Les logements construits par les promoteurs privés répondent habituellement à quelques typologies de base commercialement éprouvées. Lorsque les plans innovent, ceux-ci s'éloignent peu de la gamme des modèles les plus populaires auprès de la clientèle. Quoique la production résidentielle offre parfois à l'acheteur la possibilité de modifier les plans avant d'occuper sa maison, celle-ci coûte cher, ce qui a pour effet d'encourager la consommation de modèles standards.

Pourtant, le développement rapide de l'informatique ouvre de nouvelles possibilités pour faire participer directement les usagers à la conception de leur logement. Au Japon, par exemple, des constructeurs font de la participation des usagers un outil de promotion et de vente. L'ordinateur permet une interaction directe entre le concepteur à l'emploi de la compagnie et les clients. Ces derniers sont immédiatement informés de l'implication économique de chaque décision modifiant le plan de base, et visualisent sur écran l'allure de leur future maison.

L'automatisation de la production des logements permet quand même aux fabricants japonais de fournir un vaste choix d'aménagements. La compagnie Misawa, qui utilise trois modèles de base, combine 400 dimensions différentes de panneaux muraux avec 300 options d'aménagement[134]. Une forte proportion de concepteurs est présente au sein des grandes compagnies. National House emploie, par exemple, 200 architectes pour un effectif de 600 ouvriers, la plupart des autres employés

---

134. Poitras et Duff (1988).

étant des vendeurs professionnels assurant un service avant et après la vente. Les entreprises de construction consacrent des efforts importants à la recherche-développement et possèdent des équipes de recherche multidisciplinaires. Ainsi, la compagnie Daiwa lançait, il y a plusieurs années, le concept d'une maison saine pour l'épanouissement de la famille et le développement des enfants, grâce à la présence d'un expert médical parmi son équipe de recherche. Cette même compagnie fabriquait, dès 1959, une sorte de petit logement supplémentaire destiné aux personnes âgées, que l'on pouvait ajouter à une résidence existante.

Ce ne sont, bien sûr, que des exemples, mais qui illustrent combien la recherche de nouveaux concepts d'aménagement est prise au sérieux par une industrie parmi les plus performantes au monde. Si l'idéal de performance de la production industrielle peut faire une place honorable à l'innovation et à la participation des usagers au processus de design, pourquoi est-ce différent chez nous ?

La faible durée de la responsabilité légale qui lie le constructeur au produit qu'il fabrique le prédispose peu à satisfaire l'usager à long terme. Le Code civil du Québec exige une période de responsabilité de cinq ans et si un vice de construction se manifeste graduellement durant cette période, le Code civil prévoit une prescription additionnelle de cinq ans. C'est bien peu en comparaison de la Suède, où les constructeurs se voient obligés d'offrir une garantie minimale de dix ans, peu importe si la maison change de propriétaire.

Au moment de l'achat, le client perçoit son aménagement comme étant fixe pour ses besoins et il a du mal à s'imaginer les modifications de l'espace qui pourront un jour s'avérer nécessaires. Or, il existe de fortes probabilités que la transformation des besoins en espace du ménage survienne après la période de responsabilité obligatoire de cinq ans. La souplesse du logement n'est donc pas une priorité absolue pour les constructeurs d'habitations, puisque les clients semblent généralement satisfaits de l'espace qu'ils occupent pendant cette période initiale, où les besoins peuvent être relativement stables. L'intervention de professionnels qualifiés dans le design des logements est d'autant plus difficile à justifier que la Loi sur les architectes vient renforcer l'idée que de tels professionnels ne sont pas nécessaires à l'atteinte des objectifs de production du constructeur.

L'instauration de mesures par les pouvoirs publics est un autre élément pouvant inciter l'innovation et faire participer davantage les usagers à l'évolution de leur cadre de vie. Au Canada et aux États-Unis, le rôle de l'État se limite à celui d'agent régulateur des forces du marché privé. Les gouvernements n'interviennent que lorsque la production résidentielle est en difficulté et, le plus souvent, par des mesures d'aide économique qui ne remettent pas en cause les fondements de la production des formes bâties. Et si l'exploration de nouvelles formules d'aménagement, mieux adaptées aux besoins des ménages, aidait, en temps de crise, à stimuler la demande de logements?

D'autres pays, européens notamment, ont mis en place des mécanismes d'amélioration de la qualité résidentielle qui interviennent directement sur l'espace du logement. À ce titre, le secteur expérimental en habitation mis sur pied par le ministère du Logement français est exemplaire. Les programmes de construction se succèdent de façon continue et visent des objectifs qui suivent de grandes priorités nationales. Ainsi, le programme expérimental Habitat 88 visait, de 1982 à 1988, une économie des coûts de réalisation en innovant dans la conception des logements et en améliorant la productivité sur les chantiers.

En France, l'évaluation des projets occupe une place primordiale dans le processus d'expérimentation. Le bilan des opérations est effectué par le Plan Construction et Architecture du ministère du Logement, qui a instauré un réseau de suivis techniques et économiques. L'évaluation de la satisfaction des résidents est considérée comme un élément indispensable pour améliorer l'habitat.

L'atteinte d'objectifs communs de réalisation incite à la concertation des différents acteurs des projets. L'importance de l'investissement collectif dans le logement social en Europe, et la nécessité de maintenir ce capital immobilier en bon état ont probablement favorisé une plus grande tendance à l'expérimentation architecturale que chez nous. Soutenue par une base institutionnelle solide, l'innovation fait partie des habitudes des concepteurs et des constructeurs de logements. L'État, en tant que producteur et régisseur de la commande architecturale, est bien placé pour stimuler la recherche de concepts nouveaux d'habitation. Il est également l'intervenant capable de prendre en charge la grande mission sociale d'améliorer le cadre de vie des habitants, et de redonner aux concepteurs la place qui leur revient dans la concrétisation de cet objectif.

Il est important, pour l'avenir du logement, que les concepteurs soient présents à différents niveaux d'intervention et de décision, de façon à sensibiliser leur entourage à la nécessité d'innover. Leur action au sein des gouvernements, des universités, de l'industrie, des milieux financiers et des organismes populaires peut faire en sorte que les sociétés en transformation adaptent mieux leurs logements à l'évolution des besoins.

CONCLUSION

La structure instable des ménages et l'émergence de nouveaux modes de vie modifient les façons d'habiter le logement. Des événements imprévus, sur lesquels les individus ont peu de contrôle, viennent perturber leur vie : séparation, divorce, monoparentalité, nouveau conjoint, garde partagée des enfants, perte d'un emploi, retour d'un enfant d'âge adulte à la maison. Ce sont autant de facteurs qui accroissent ou réduisent le besoin d'espace habitable.

À cela s'ajoute une modification des habitudes de vie à la maison, comme le travail des femmes à l'extérieur, le travail à domicile, le choix de vivre seul ou de cohabiter avec d'autres personnes. Bien que dans l'ensemble, la taille des ménages ait considérablement diminuée au cours de ce demi-siècle, il n'en demeure pas moins que les nouveaux modes de vie exigent un accroissement de l'espace habitable par individu.

Désormais, on ne peut plus concevoir des habitations en fonction de clients aux besoins figés dans le temps, ou même en se basant uniquement sur ceux de la famille biparentale avec enfants. Ce modèle, nous l'avons amplement constaté, cède de l'importance devant l'ensemble formé des familles monoparentales, des familles recomposées, des couples sans enfant et des ménages composés de personnes sans lien de parenté. La diversification sans précédent des besoins en logement, leur évolution continue et les changements inopinés qui surviennent dans la vie des individus militent en faveur d'espaces domestiques souples et facilement transformables.

Ceci étant dit, encore faut-il que les résidents soient en mesure d'apporter eux-mêmes les modifications souhaitées, sans l'intervention des professionnels. La participation des occupants à l'adaptation de leur logement apparaît, dans ce cas, comme un facteur décisif, en regard de l'échec des expériences passées sur l'habitation flexible. L'idée de flexibilité du logement fut mal perçue par ces derniers, convaincus qu'on leur imposait une nouvelle façon de vivre. À une époque où les structures familiales étaient relativement stables, cette méfiance apparaît, dans ce contexte, pleinement justifiée. Il eût donc un décalage important entre le moment où furent menées les expériences des architectes modernes sur la flexibilité des logements, et l'expression de véritables besoins pour ces aménagements. Il n'en demeure pas moins que les initiateurs de cette idée, dont Wagner, Gropius, Mies Van der Rohe, Rietveld et Le Corbusier furent parmi les porte-paroles les plus influents, ont fait preuve d'un avant-gardisme presque clairvoyant pour leur temps.

Depuis, le concept de flexibilité a été appliqué sans grande conviction par les architectes. La production actuelle de logements perpétue l'image du foyer (familial) comme lieu stable et inerte, malgré que les modes de vie et le développement des nouvelles technologies de communication tendent à redéfinir ce rôle: mobilité accrue à cause de la garde partagée des enfants, service de transfert d'appels, répondeur avec interrogation à distance... Le logement représente encore, pour la plupart des gens, un lieu de fixation géographique dans un monde où tout bouge. On conviendra alors que la souplesse architecturale, en permettant d'adapter l'espace domestique à de nouveaux besoins, accroît la sédentarité et repousse l'échéance d'un déménagement éventuel. Cette flexibilité ne peut être que partielle, à cause de l'introduction dans la maison de services et d'équipements fixes, liés à l'accroissement du confort des occupants (eau courante, baignoire, conduits de ventilation, réservoir d'eau chaude, etc.) Vu sous cet angle, elle est loin de menacer la stabilité physique sécurisante du foyer, importante pour l'équilibre psychologique des individus.

L'opinion répandue selon laquelle les aménagements souples seraient dispendieux est démentie par les coûts qu'entraîne l'adaptation de plans trop rigides. En effet, combien en coûte-t-il pour adapter des logements mal conçus aux besoins d'occupants qui se succèdent durant 20, 35 ou 50 ans ? La souplesse du logement devient économique lorsque son coût est réparti sur la durée du cycle de vie du ménage. Cela, sans compter la satisfaction des occupants de conserver leur logement, surtout lorsque ceux-ci ressentent un attachement avec leur milieu de vie. Le problème, c'est que la flexibilité s'avère à long terme plus profitable pour les résidents que pour les constructeurs et les promoteurs d'habitations. Ces derniers pourraient toutefois utiliser à leur avantage, lors de la vente d'unités, l'argument de l'adaptabilité du logement. S'il est vrai, comme certains l'affirment, que le parc de logements devient de plus en plus rigide, le prix à payer pour l'adapter aux nouvelles réalités socio-démographiques pourrait être incalculable pour la collectivité.

La transformation d'espaces de logement souples prend une signification différente selon qu'elle s'effectue avant ou après l'occupation par les résidents, de même qu'à l'intérieur ou à l'extérieur du volume construit.

Ainsi, la production résidentielle actuelle fournit une certaine flexibilité « initiale ». D'ordinaire, l'acheteur a la possibilité d'effectuer un choix restreint d'aménagements avant d'occuper son logement et parfois, même avant que la construction ne débute. L'achat sur plans, par exemple, est une formule répandue qui permet de modifier le plan-type, en fonction d'une gamme de changements prédéterminés par le constructeur. La conception des logements s'appuie alors sur une estimation des besoins pour des groupes-cibles d'acheteurs. Le dialogue qui s'établit entre le constructeur et le client est donc réduit au minimum. Mais surtout, la participation de l'usager à l'adaptation de son logement est limitée, du fait qu'il doive payer le prix pour dévier du modèle de base qu'on lui propose. Le type de flexibilité que nous mettons de l'avant concerne davantage l'adaptation du logement durant son occupation. Le plan est alors conçu pour accueillir les transformations éventuelles, mais non irréversibles, en faisant appel à la participation des résidents. La flexibilité «continue» prend des formes diverses selon le degré de changement désiré, la difficulté de mise en œuvre et la fréquence de ces changements. Il existe ainsi plusieurs dispositifs, allant des plus simples (portes, mobilier) aux plus sophistiqués (systèmes de cloisons mobiles), qui favorisent la souplesse interne du logement. Cette dernière peut aussi se trouver facilitée par l'utilisation de systèmes de construction qui acceptent plus aisément que d'autres les transformations du bâtiment. Par exemple, les structures composées de poutres et de poteaux, ainsi que celles comportant des murs de refend porteurs, laissent plus de place à l'évolutivité des espaces domestiques. L'emplacement des équipements fixes est également déterminant. Une cuisine ou une salle de bains mal située, par exemple, peut bloquer la fluidité de l'espace intérieur et empêcher des dispositions intéressantes.

Il est généralement admis que la souplesse d'aménagement interne du logement s'accroît avec une surface habitable un peu plus grande que la normale (on parle de 10% de plus). La prévision d'espaces dont la fonction reste indéterminée ne doit donc pas être considérée comme un geste inutile et superflu. Les logements qui comportent des pièces doubles, des aires permettant le débordement d'activités sur d'autres pièces, ou même une pièce supplémentaire sans attribution particulière, s'avèrent en bout de ligne beaucoup plus polyvalents et adaptables. Dans le contexte de l'évolution des ménages, l'aire supplémentaire joue en quelque sorte le rôle de soupape pour le trop-plein du logement ; elle absorbe le surplus d'espace ou la nouvelle activité que réclament les habitants. Aussi, les aires non aménagées, telles que les sous-sols, les garages et les rangements constituent des espaces «en attente» qui peuvent être avantageusement récupérés le temps venu.

La configuration variée des pièces constitue une dimension essentielle de la flexibilité. On a souvent pensé, à tort, qu'il suffisait simplement qu'un logement jouisse de surfaces libres et vastes, pour le rendre polyvalent. C'est oublier que l'occupant d'un logement se sent beaucoup plus à l'aise lorsque l'espace intérieur est fortement structuré. D'où l'importance que prennent certains volumes comme les enfoncements, recoins, niches, alcôves, dénivellations du plancher, qui donnent forme et vie à l'espace souvent vide, flasque et quadrangulaire des pièces modernes. Pourtant, beaucoup de ces éléments structurants sont aujourd'hui presque disparus de l'architecture domestique et du vocabulaire des concepteurs. Au nom de la rationalité économique et d'une préoccupation indue quant à la sécurité des occupants, le design intérieur des nouvelles habitations s'est peu à peu appauvri.

Les logements sont rarement conçus en fonction d'un agrandissement ou d'une réduction du volume habitable, et encore moins pour que les résidents puissent y participer. L'ajout d'une pièce à une maison isolée est pratique courante en banlieue, lorsque les dimensions du terrain ne constituent pas une contrainte à l'expansion du volume bâti. Toutefois, les ménages dont la structure est la plus instable et qui bénéficieraient le plus d'un tel agrandissement, se retrouvent en milieu urbain de densité élevée, dans les immeubles en rangée et les appartements.

Ce que plusieurs appellent l'«élasticité» du logement n'est, ni plus ni moins, que la réponse physique idéale aux besoins d'espace variables des ménages au cours de leur cycle de vie. Le caractère récent des expériences de logements agrandissables à l'étranger ne permet pas encore de conclure avec certitude à leur viabilité. Il faudra attendre pour cela quelques années, le temps que se manifeste une modification significative des besoins d'espace habitable. Une chose est sûre : ce concept a plus de chances de fonctionner s'il existe une complémentarité entre les ménages résidents, c'est-à-dire entre ceux dont les besoins d'espace sont en croissance et ceux dont les exigences, à ce chapitre, sont en décroissance. En fait, l'agrandissement de la surface habitable pour les uns doit correspondre à une réduction de surface pour les autres. Plusieurs questions restent néanmoins en suspens : comment jumeler les ménages, pour que la demande d'espace d'un côté coïncide avec la réduction des besoins de l'autre ? Comment prévoir à l'avance une telle éventualité ? Peut-être suffit-il simplement qu'une habitation offre des possibilités d'agrandissement et de réduction pour que celles-ci prennent forme.

Dans cette optique, l'expérience des logements agrandissables de Calais, en France, comporte un parallèle avec le concept nord-américain des logements supplémentaires. Les clientèles de jeunes ménages et de personnes âgées, particulièrement visées dans les deux cas, présentent des caractéristiques qui se complètent : étapes du cycle de vie différentes à un moment qui correspond à des besoins opposés en matière d'espace, un statut de locataire et de propriétaire, ainsi que des capacités financières restreintes.

Au Québec, la complémentarité des besoins de ménages différents est observable dans les immeubles de type duplex et triplex. Cette forme d'habitation urbaine, longtemps décriée par les architectes et les planificateurs urbains d'ici, a été identifiée ailleurs comme étant souple et adaptable (McCamant et Durrett, 1988). Les accès extérieurs individuels pour chaque logement rendent possible, par exemple, la reconversion dans sa forme originale d'un duplex transformé en un grand logement familial.

L'avantage de la formule européenne de logements agrandissables, par rapport aux immeubles de duplex et de triplex, tient au fait que l'agrandissement de l'un des logements ne nécessite pas obligatoirement le départ des voisins. L'échange d'espace entre deux ménages s'effectue par le transfert d'une partie d'un logement à l'autre, par exemple, par une pièce possédant une cloison commune aux deux logis. Les solutions de logements agrandissables présentent des possibilités intéressantes qui méritent d'être explorées plus à fond par les architectes. Ceci est d'autant plus juste qu'elles s'inscrivent dans le contexte d'une rationalisation de l'espace habitable, de moyens financiers de plus en plus limités des ménages et de l'importance du maintien à domicile des personnes âgées.

Chez tout individu s'effectue un va-et-vient constant entre le désir de socialiser et celui de chercher l'intimité. L'ajustement du délicat équilibre entre les aires communes et les aires individuelles du logement peut contribuer à résoudre ce dilemme. Une nouvelle entente peut donc s'établir tacitement entre les membres du ménage pour respecter l'autonomie de chacun. Les familles avec des adolescents ou de jeunes adultes, les familles recomposées, les cohabitants et les ménages familiaux multigénérationnels y trouveront certainement leur compte. Le travail à domicile, cette nouvelle réalité, force tout autant à reconsidérer le rapport entre la sphère domestique et la sphère publique du bureau. Dans cette perspective nouvelle, il devient urgent d'utiliser des solutions de design qui unissent ou séparent les occupants, et qui limitent les interférences indésirables entre la zone publique et la zone privée du logement.

Les solutions explorées dans le cadre de concours d'architecture et de projets d'expérimentation en Europe, aux États-Unis et au Canada, traitent l'autonomie des individus en misant sur quatre aspects, soit : 1) la configuration et les dimensions de l'espace individuel ; 2) les accès et les circulations ; 3) les portes et les cloisons ; 4) les services et les équipements.

Les espaces privés individuels, dans les logements des cohabitants surtout, consistent généralement en une chambre à coucher de dimensions supérieures à la moyenne, afin d'accommoder le déroulement d'activités autres que le sommeil. Ces espaces sont situés en retrait de l'aire de socialisation (séjour, cuisine, salle à manger) ou bien leur accès s'effectue en marge de l'aire commune du logement. L'impression d'autonomie augmente de façon radicale, lorsque la pièce individuelle est munie d'un accès indépendant, donnant directement à l'extérieur de la maison.

La forme allongée de la pièce individuelle permet une subdivision naturelle de l'aire privée en deux sous-espaces : l'un pour dormir et l'autre pour travailler, lire, étudier ou recevoir des invités. La plupart du temps, cette subdivision est renforcée par un accès ménagé au milieu de la pièce, ce qui va à l'encontre de la pratique courante, voulant qu'on installe une porte à l'extrémité d'un mur. L'aire individuelle devient plus autonome si elle récupère une partie de la salle de bains, qui se fragmente : un lavabo, une cabine de douche, un cabinet d'aisances personnel ou, du moins, l'amenée d'eau en prévision de branchements futurs. L'installation d'équipements pour la préparation des repas y est plutôt rare, quoique cela peut s'avérer utile dans le cas d'une pièce individuelle possédant un accès indépendant à l'extérieur, notamment en vue d'une conversion en logement supplémentaire. Un espace de transition s'intercale entre l'aire publique et l'aire privée du logement, de manière à procurer une intimité visuelle et une protection acoustique accrues. Pour la pièce individuelle, cela peut signifier, par exemple, la présence d'un vestibule doublé d'une penderie, pour isoler encore davantage l'aire de sommeil des autres activités.

L'aire commune du logement est divisée afin de permettre son utilisation simultanée par différentes personnes. Cela peut se faire, par exemple, en séparant la cuisine du salon, en créant deux séjours distincts ou bien en donnant la possibilité aux occupants de prendre les repas à plus d'un endroit à la fois (comptoir-lunch, cuisine, salle à manger, terrasse extérieure en été, etc.) Les dispositions qui en résultent vont dans le sens contraire de la tendance bien enracinée, qui consiste à ouvrir la cuisine, le coin-repas et le séjour en une grande salle commune. Enfin, le degré d'ouverture entre les pièces et le type de portes utilisé sont deux facteurs à considérer, car ils ont pour effet de modifier l'équilibre entre le désir de communiquer ou d'être seul.

Pour que l'espace habitable s'ajuste aux nouveaux modes de vie des ménages, il est essentiel que la conception des logements puisse s'effectuer dans des conditions favorables. Certains obstacles doivent être levés, qui empêchent la recherche et le développement de solutions mieux adaptées aux nouvelles réalités.

Les normes de construction des habitations, établies il y a trente ou quarante ans, se réfèrent toujours, en toile de fond, au mode de vie de la famille traditionnelle. Par conséquent, les normes de dimensionnement des aires de logement, édictées par le Code national du bâtiment du Canada, se trouvent parfois en contradiction avec les tendances sociales, démographiques et économiques. Elles font peu de cas, notamment, de la nécessité d'avoir des chambres à coucher d'égale superficie, dont les familles monoparentales et les cohabitants tireraient profit, de même que de la récupération des espaces non aménagés que l'on peut transformer en pièces habitables. En acceptant de revoir le Code, afin de permettre aux concepteurs de se baser sur des objectifs communs de performance, plutôt que sur des exigences normatives, comme c'est le cas actuellement, on créerait des conditions favorables à l'innovation.

À son tour, la réglementation municipale entrave souvent le développement de nouvelles formes d'habitation qui pourraient contribuer à l'utilisation plus rationnelle du territoire et des services déjà en place. C'est le cas de l'implantation des logements supplémentaires dans les zones de maisons dites «unifamiliales», des habitations de petites dimensions qui s'insèrent dans les quartiers existants (sur des terrains étroits, par exemple) et des logements agrandissables sous toutes leurs formes. Ne pas accorder la réglementation municipale avec les nouvelles réalités socio-démographiques fait courir le risque inutile d'une ségrégation sociale croissante entre, d'un côté, les groupes traditionnels vivant dans les petites villes et les banlieues, et de l'autre, les nouveaux groupes qui émergent et qui trouvent une plus grande variété d'habitations dans les grands centres urbains.

Pour ces raisons, la sensibilisation de tous les acteurs de l'habitation — concepteurs, régisseurs de la commande, producteurs et utilisateurs de logements — est plus que jamais essentielle. L'avenir de l'habitation, en tant que milieu de vie intime des personnes, ou même en tant que secteur d'activité économique, en dépend largement.

BIBLIOGRAPHIE

ALEXANDER, Christopher et al. *The Production of Houses*, New-York, Oxford university Press, 1985.

A.T. HANSEN CONSULTING SERVICES ET SCANADA CONSULTANTS LIMITED, *L'innovation et les codes du bâtiment: une étude des codes du bâtiment fondés sur la performance*, Ottawa, S.C.H.L., 1991.

BLANC, Jean-Noël, Raymond Vasselon et Michel Bellet, *Vers le logement pluriel: de l'usager aux habitants*, Paris, Ministère de l'Équipement et du Logement, Plan Construction et Architecture, 1988.

BLONDEL, Jacques-François, *Cours d'architecture*, Paris, Desaint, 1771.

BONVALET, Catherine et Pierre Merlin, *Transformation de la famille et habitat*, Paris, Presses universitaires de France, 1988.

BUREAU DE LA STATISTIQUE DU QUÉBEC, *Les personnes âgées au Québec*, Québec, Les Publications du Québec, 1986.

CHASLIN, François et al. *«Dossier SAR»* in: Techniques et architecture, [s.d.], pp. 26 à 37.

CLIMENTO JOHNSON, Laura, Joel Shack et Karen Oster, *Out of the Cellar and into the Parlour: Guidelines for the Adaptation of Residential Space for Young Children*, Ottawa, Société canadienne d'hypothèques et de logement, 1980.

COMMUNAUTÉ URBAINE DE MONTRÉAL, *Les Appartements* (Architecture domestique II), Répertoire d'architecture traditionnelle, Montréal, C.U.M., 1991.

CONAN, Michel, *«Les demeures des nouvelles familles élargies: une expérience suédoise»* in: CSTB Magazine (Paris), no 31, janvier-février 1990.

CONSEIL NATIONAL DE RECHERCHES CANADA, *Code national du bâtiment du Canada*, Ottawa, C.N.R.C., 1990.

DANDURAND, Renée B. et Lise Saint-Jean, *Des mères sans alliances: monoparentalité et désunions conjugales*, Québec, Institut québécois de recherche sur la culture, 1989.

DANSEREAU, Francine, *«Le logement au Canada: entre la sur-spécialisation du neuf et les microadaptations du parc existant»* in: Actualités internationales du Laboratoire-Logement, Nancy (France), no 7, 1989.

DE GOURNAY, Chantal, *«La communication nomade»*, Projet de communication, 5e conférence internationale de recherche sur l'habitat, Association internationale de sociologie, Montréal, 1992.

DIVAY, Gérard et Georges Mathews, *Le Logement: questions et politiques*, Montréal, INRS-Urbanisation, 1981.

DLUHOSCH, E., *«Flexibility/Variability and Programming»* in: Industrialization Forum, vol. 6, no 3-4, 1974.

ELEB-VIDAL, Monique, Anne-Marie Châtelet et Thierry Mandoul, *Penser l'habité: le logement en questions*, Liège, Pierre Mardaga, 1988.

FLAMAND, Jean-Paul, *Loger le peuple*, Paris, La Découverte, 1989.

FRANCK, Karen A., *«New Households, Old Houses: Designing for changing needs»* in: Ekistics, no 310, janvier-février 1985.

FRANCK, Karen A. et Sherry Ahrentzen, *New Households New Housing*, New-York, Van Nostrand Reinhold, 1989.

BIBLIOGRAPHIE

FRIEDMAN, Abraham, *A Proposed Decision Making Model for Initiators of Flexibility in Multi-Unit Housing*, Thèse de doctorat en aménagement, Université de Montréal, 1987.

FRIEDMAN, Avi et Christine Von Niessen, *Postwar Housing Innovation*, Montréal, École d'architecture de l'université McGill, Affordable Homes Program, research paper no. 7, juin 1991.

GÖSSEL, Peter et Gabriele Leuthäuser, *L'Architecture du XXe siècle*, Cologne, Benedikt Taschen, 1991.

GROSSHANS, Hartmut, «*Habitat en mutation: vivre ensemble autrement dans un quartier*» in: Actualités internationales du Laboratoire-Logement, Nancy (France), no 7, 1989.

HALL, Edward T., *La dimension cachée*, Paris, Éditions du Seuil, 1971.

HERBERT, Gilbert, *The Dream of the Factory-Made House*, Cambridge (Massachusetts), The MIT Press, 1984.

KELLER, Suzanne, *Building for Women*, Toronto, Lexington Books, 1981.

LEAVITT, Jacqueline, «*A New American House*», in: Women and Environments, vol. 7, no 1, hiver 1985.

LEAVITT, Jacqueline, «*The Shelter Plus Issue For Single Parents*», in: Women and Environments, vol. 6, no 2, avril 1984.

LEMIEUX, Denise, *Familles d'aujourd'hui*, Québec, Institut québécois de recherche sur la culture, 1990.

LODL, Kathleen A., Betsy S. Gabb et E. Raedene Combs, «*The importance of selected housing features at various stages of the life cycle*», in: Lifestyles: Family and Economic Issues, vol. 11, no 4, hiver 1990.

MACDONALD, Donald «*Home Sweet Home: The Fading American Dream*», Présentation au XVIIe congrès de l'UIA, Montréal, 1990.

MAÏTANO, Hilda et Arnaud Sompairac, *Formes urbaines et habitat social: 120 réalisations expérimentales du Plan Construction et*

Habitat 1978-1984, Paris, Ministère de l'Équipement et du Logement, de l'Aménagement du territoire et des Transports, 1986.

McCAMANT, Kathryn et Charles Durrett, *Cohousing: a Contemporary Approach to Housing Ourselves*, Berkeley (Californie), Ten Speed Press, 1988.

MELCHIOR, Gérard, *«L'habitat flexible»*, in: CSTB Magazine (Paris), no 32, mars 1990.

MERLIN, Pierre, *La famille éclate, le logement s'adapte*, Paris, Syros-Alternatives, 1990.

MERLIN, Pierre et Françoise Choay, *Dictionnaire de l'urbanisme et de l'aménagement*, Paris, Presses universitaires de France, 1988.

MINDEL, Charles H., *«Multigenerational Family Household: Recent Trends and Implications for the Future»*, in: The Gerontologist, vol. 19, no 5, octobre 1979.

PARAVICINI, Ursula, *Habitat au féminin*, Lausanne (Suisse), Presses polytechniques et universitaires romandes, 1990.

PASTIER, John, *«A One-Architect Movement for Affordable Housing»*, in: Architecture, juillet 1988.

PEARSON, Lynn F., *Ideal homes: Women and cooperative housing in Victorian times»*, in: Ekistics, no 310, janvier-février 1985.

PLAN CONSTRUCTION, *«Logements réunissables»*, in: Point virgule, Ministère de l'Équipement et du Logement (France), no 8, décembre 1987.

POITRAS, André et Jocelyn Duff, *Les innovations technologiques et la production de logements en dehors des modes traditionnels*, Québec, Société d'habitation du Québec, 1988.

PUIG, Pauline, *Habitat 88: Idées Bâties*, Paris, Ministère de l'Équipement et du Logement, Plan Construction et Architecture, 1989.

RAGON, Michel, *Histoire de l'architecture et de l'urbanisme modernes*, Paris, Seuil, 1986.

BIBLIOGRAPHIE

REBOIS, Didier, *Modes de vie: architectures du logement*, Paris, Regirex-France [et] Techniques et architecture, 1989.

ROSENFELD, Jeffrey, *«Demographics and Interior Design»*, in: American Demographics, vol. 6, no 2, février 1984, pp. 28 à 31.

ROUSSEAU, Sophie, *«La créatrice de la cuisine équipée»*, HLM Aujourd'hui, no 21, 1er trimestre 1991, pp. 74 à 77.

RYBCZYNSKI, Witold, *Le Confort: cinq siècles d'habitation*, Montréal, Éditions du Roseau, 1989.

RYBCZYNSKI, Witold, Avi Friedman et Susan Ross, *La Maison évolutive*, Montréal, École d'architecture, université McGill, 1990.

SAN FRANCISCO DEVELOPMENT FUND, *Second units as Affordable Housing*, San Francisco, S.F.D.F., septembre 1988.

SOCIÉTÉ CANADIENNE D'HYPOTHÈQUES ET DE LOGEMENT, *Les Personnes seules non âgées au Canada: rapport sommaire*, Ottawa, Centre des relations publiques, SCHL, 1990.

SOCIÉTÉ CANADIENNE D'HYPOTHÈQUES ET DE LOGEMENT, *Nouveaux logements densifiables*, Ottawa, SCHL, 1988.

TEASDALE, Pierre et Martin Wexler, *Dynamique de la famille, ajustements résidentiels et souplesse du logement*, Ottawa, Société canadienne d'hypothèques et de logement, décembre 1986.

VARIN, François, *«Salles de bains anciennes»*, in: Continuité, no 49, hiver-printemps 1991, pp. 55 à 57.

WEITZ, Stevenson, *Affordable Housing: How Local Regulatory Improvements Can Help*, Washington, D.C., U.S. Department of Housing and Urban Development, 1982.

WEKERLE, Gerda R., *«Canadian Women's Housing Cooperatives: Case Studies in Physical and Social Innovation»*, in: Life Spaces: Gender, Household, Employment; Vancouver, University of British Columbia Press, 1988.

WEKERLE, Gerda R., *Women's Housing Projects in Eight Canadian Cities*, Ottawa, Société canadienne d'hypothèques et de logement, 1988.

WEKERLE, Gerda R., R. Peterson et D. Morley, *New Space for Women*, Boulder (Colorado), Westview Press, 1980.

WENTLING, James W., *Housing by Lifestyle: The Component Method of Residential Design*, New-York, McGraw-Hill, 1990.

WEXLER, Martin E., *«Vers un environnement résidentiel socialement adapté aux besoins des personnes âgées»*, in: Communiqués présentés au colloque «Accessibilité au logement pour les aînés et aînées», Conseil canadien de l'habitation, 1985.

XELOT, Frédérique *«Logis métropole: une démarche produit»*, in: HLM Aujourd'hui, no 21, 1er trimestre 1991.

CRÉDIT DES ILLUSTRATIONS

Première partie

Fig. 1 Van Nostrand Reinhold, New York.

Fig. 2 Adaptation par les auteurs de dessins de L'Atelier Poirier Dépaties, Montréal. Reproduction autorisée par messieurs Didier Poirier et Jean-Pierre LeTourneux, architectes.

Fig. 3 A. Dessins des auteurs. B. René Bouchard, Société d'habitation du Québec.

Fig. 4 Photos des auteurs.

Fig. 5 Van Nostrand Reinhold, New-York.

Fig. 6 Photos des auteurs.

Fig. 7 Ten Speed Press, Berkeley, Californie.

Fig. 8 Tableau des auteurs, d'après Stapelton (1980).

Deuxième partie

Fig. 9 Tableau des auteurs, d'après Dluhosch (1974).

Fig. 10 Avi Friedman, École d'architecture de l'université McGill.

Fig. 11 A. Construction Léo Marcotte inc., Montréal. B. Photos des auteurs.

Fig. 12 Donald William MacDonald, San Francisco.

INDEX

TABLE DES MATIÈRES